> Quem é
> Padre Pio?

Quem é Padre Pio?

Lilá Sant'Anna

*m*auad X

Copyright @ by Lilá Sant'Anna, 2002

Atualização ortográfica: 2013

Direitos desta edição reservados à
MAUAD Editora Ltda
Rua Joaquim Silva, 98, 5º andar - Lapa
CEP 20241-110 — Rio de Janeiro — RJ
Tel.: (021) 3479.7422 Fax: (21) 3479.7400
www.mauad.com.br

Projeto Gráfico:
Núcleo de Arte/Mauad Editora

Capa:
Fernando Tige

Foto da 4ª capa:
"Casa Alívio do Sofrimento" – San Giovanni Rotondo, Itália. Hospital construído com donativos do mundo inteiro e considerado o 2º hospital mais importante da Itália. Foi idealizado e inaugurado por Padre Pio.

Revisão:
Aercia Ferreira Pinto

CATALOGAÇÃO NA FONTE
DEPARTAMENTO NACIONAL DO LIVRO

S232q
     Sant'Anna, Lilá.
     Quem é Padre Pio? / Lilá Sant'Anna - Rio de Janeiro : Mauad, 2002.

       220 p. ; 14cm x 21cm
       ISBN 85-7478-069-3

       1.Pio, Padre, 1887-1968. 2. Igreja católica – Clero Biografia. I. Título.

CDD – 922.2

Ao Sumo Pontífice
João Paulo II
homenagem, admiração e gratidão filial
pela canonização de
Padre Pio de Pietrelcina

Índice

PREFÁCIO – *Padre Jorjão* — 9

APRESENTAÇÃO – *Padre Jean Derobert* — 11

INFÂNCIA – JUVENTUDE – SACERDÓCIO — 15

OS ESTIGMAS — 32

O SACERDOTE ESTIGMATIZADO — 47

OS DONS E OS CARISMAS DE PADRE PIO — 55

FAMOSO – SOFREDOR – PERSEGUIDO – VITORIOSO — 60

RECORDAÇÕES DE UM FILHO ESPIRITUAL — 76

A MORTE DOS PAIS DE PADRE PIO — 89

PADRE PIO E NOSSA SENHORA — 94

A SANTA MISSA – A MISSA DE PADRE PIO — 110

CASA ALÍVIO DO SOFRIMENTO — 119

GRUPOS DE ORAÇÃO DE PADRE PIO — 124

FREI MODESTINO FUCCI DE PIETRELCINA — 130

MILAGRES — 135

CURA DE CONSIGLIA DE MARTINO — 189
(Beatificação de Padre Pio de Pietrelcina)

CURA DE MATTEO PIO COLELLA — 192
(Canonização de Padre Pio de Pietrelcina)

A ÚLTIMA MISSA DE PADRE PIO — 207

A ÚLTIMA NOITE DE PADRE PIO NESTE MUNDO — 209

BIBLIOGRAFIA — 217

QUEM É PADRE PIO?

Deus é admirável nos seus santos. Nessa multidão de homens e mulheres de todas as idades, raças, línguas, condições sociais e épocas, podemos reconhecer a mão do Bom Deus que nos chama continuamente à santidade.

Interessei-me pela pessoa de Padre Pio há mais de vinte anos, quando noviço capuchinho. O carinho dos frades italianos, como os queridos Frei Sixto e Frei Agatângelo, as histórias de religiosos brasileiros, como Frei Laudelino, Frei Ivan, Frei Vital, Frei Ubiratan, hoje bispo de Itaguaí, e tantos outros, nos enchiam de admiração por aquele sacerdote de olhar profundo cuja face austera e, ao mesmo tempo, serena, sempre víamos estampada na revista *Voce di Padre Pio* que a cada mês recebíamos no convento.

Do interesse, passei à admiração daquele religioso impressionante, totalmente dedicado à salvação das almas e ao bem do próximo, sua espiritualidade marcada pela profunda obediência suportando inúmeras provações, e ao mesmo tempo os dons extraordinários que o Bom Deus lhe concedeu como as prodigiosas curas inexplicáveis pela ciência, os estigmas que por mais de 50 anos suportou, e, acima de tudo, as inúmeras conversões a Deus daqueles que dele se aproximavam.

Assim, da admiração, fui tomado pela devoção por seu exemplo de vida, tornando-me assíduo leitor das revistas que nos chegavam regularmente do Convento onde viveu Padre

Pio: *Voce di Padre Pio, Casa Sollievo della Soferenza* e *A Voz de Padre Pio*, então traduzida, durante dez anos, para a língua portuguesa por Lilá Sant'Anna.

Lilá é uma profunda estudiosa da vida de Padre Pio desde os anos 70. Responsável por dois Grupos de Oração, prestes a completar 600 reuniões. Ao longo desses anos tem pronunciado inúmeras palestras em colégios católicos, no rádio e na televisão, bem como em comunidades religiosas e igrejas.

Desde 1982 visita frequentemente a cidade de San Giovanni Rotondo, na Itália, onde viveu Padre Pio, recolhendo testemunhos de inúmeras pessoas que conheceram e conviveram com Padre Pio. Além disso é tradutora dos livros "Buona Giornata", com 365 pensamentos de Padre Pio, "Padre Pio de Pietrelcina", de Alessandro da Ripabotonni, ambos editados pelo convento capuchinho Santa Maria delle Grazie, e "Padre Pio, testemunho de Deus" de autoria do Padre Jean Derobert, editado na Bélgica por Edições Hovine.

Com toda esta bagagem, posso dizer que *Quem é Padre Pio?* – este presente livro que lhes apresento – é resultante de incansável e profunda pesquisa, através de fidedignos relatos de testemunhas incontestáveis, e de autores renomados de Padre Pio, como se pode constatar na extensa bibliografia citada pela autora que, superando-se de modo brilhante, fala de Padre Pio como poucos. Diante disso, posso dizer que, ninguém melhor do que Lilá Sant'Anna, alicerçada em seus princípios cristãos e com profundo conhecimento de causa, para nos contar "Quem é Padre Pio".

Padre Jorge Luiz Neves Pereira da Silva **(Pe. JORJÃO)**

APRESENTAÇÃO DO LIVRO DE LILÁ

Mais um livro sobre Padre Pio!... Muito já se escreveu sobre este Religioso Capuchinho que ocupou os noticiários e crônicas durante muitos anos. No decorrer de sua longa vida – pois nasceu em 1887 e foi recebido pelo Senhor, em Sua Luz e em Sua Paz, no coração da noite de 23 de setembro de 1968 – muito se falou sobre ele. A própria Igreja, por alguns de seus membros, chegou a fazê-lo sofrer. É verdade que a Providência o agraciou com inúmeros carismas: o dom dos estigmas da Paixão, o dom de ler nas almas, o dom da bilocação, o dom de vivenciar toda a Paixão do Senhor em cada uma de suas Missas, tão pungentes... para não falar na força que se desprendia de sua pessoa, quando diante dos pobres infelizes habitados por uma presença satânica... Ah! O demônio não demorava em desaparecer, pois o espírito do mal via-se frente a um homem que era, no sentido literal da palavra, uma encarnação mística de Jesus, o Senhor que se apossara de toda a personalidade daquele humilde Religioso que, generosamente, havia se oferecido a Ele e havia permitido que Ele agisse nele.

Lilá Sant'Anna quis entrar para esta legião já imponente e numerosa dos que escreveram sobre Padre Pio. É bem verdade que, atualmente, no Brasil, há pouca literatura sobre o assunto. Contudo, Lilá contribui, com seu trabalho, para trazer à luz a vocação daquele que podemos chamar de "o Estigmatizado do Gargano".

Qual é a utilidade deste trabalho? Fazer-nos compreender que Padre Pio, elevado à Glória dos Altares pelo Santo Padre

João Paulo II, a 16 de junho de 2002, não é uma "estrela" nem um ser sobre-humano!... Trata-se, como já dissemos, de um humilde Religioso, que nos faz compreender um pouco mais de perto o mistério – não obstante insondável – da Redenção... Ele nos explica, em poucas palavras, o que é o pecado, como evitá-lo e sua resultante: a separação de nossa alma de Deus... Ele nos diz ainda como é que Deus, em sua infinita bondade e em seu amor sem limite, quis redimir esta separação, esta ofensa, pelo sofrimento da Cruz, pois o pecado só pode ser reparado pelo sofrimento. Mas, este sofrimento adquire um valor infinito por ter sido Jesus – Palavra Criadora de Deus – que sofreu e aceitou sofrer. Lilá Sant'Anna – que redigiu estas linhas – nos faz compreender também que, para retribuir este amor, nós podemos – e devemos – unir nossas provações, nossos sofrimentos e também nossa penitência voluntária ao sofrimento do Filho de Deus na Cruz... Isto se chama "co-redenção". E não sabemos nós que a primeira Co-Redentora foi Maria? Ela foi a "Mamãe" aos pés da Cruz, onde agonizava seu Filho... E como todas as mães, ela quis tomar sobre si o sofrimento terrível do seu Filho Jesus. Este "sofrimento por amor" fez de Maria Santíssima a Co-Redentora ao lado do Único Redentor.

Padre Pio, por sua vez, se bem que numa gradação diversa, é ele também um generoso colaborador no mistério do Cristo. Toda mensagem que ele nos transmitiu, todo o testemunho que ele nos deu, nos fazem compreender que nós todos, também, devemos ser – a começar por você, amigo leitor! – co-redentores...

É sobre tudo isso que Lilá Sant'Anna quer dar seu testemunho e agradeço a ela por ter ingressado nesta longa série de escritores que quiseram ser testemunhas da "testemunha de Deus".

Amigo leitor: leia estas páginas lentamente... deixe-se penetrar pelo testemunho do Estigmatizado do Gargano... Não duvido, nem por um instante, que Deus se servirá destas linhas para falar ao seu coração e atraí-lo a Si.

Lilá Sant'Anna não conheceu Padre Pio em vida, mas durante muito tempo ela foi tradutora das publicações que vinham de San Giovanni Rotondo. Pouco a pouco, ela se deixou impregnar por esta espiritualidade, às vezes doce e forte, e é o fruto de sua meditação que ela nos entrega neste magnífico texto.

Padre Jean DEROBERT
Filho Espiritual do Santo Padre Pio de Pietrelcina
Capelão do Convento "Le Bon Pasteur"
Marseille – FRANÇA

INFÂNCIA – JUVENTUDE – SACERDÓCIO

Padre Pio de Pietrelcina não cabe em definições, escapa à lógica humana e às explicações científicas.

Podemos alinhar seus dados biográficos, seus dons e seus carismas, tentar reconstituir algumas passagens de sua vida, analisar sua espiritualidade, com base nos três volumes de seu epistolário, recorrer aos testemunhos de seus "filhos espirituais", de seus devotos ou de seus amigos. Mas ele próprio se considerava um mistério: *"Sou um mistério para mim mesmo..."* Deixemos, portanto, que o Senhor ilumine esse mistério. E nos permita ser evangelizados e conduzidos à salvação eterna por Padre Pio.

Francesco Forgione, o futuro Padre Pio de Pietrelcina, nasceu no dia 25 de maio de 1887, às cinco horas de uma tarde chuvosa que nem parecia tarde de primavera italiana.

Nasceu em Pietrelcina, Província de Benevento, ao Sul da Itália, filho de Maria Giuseppa da Nunzio, a quem todos chamavam carinhosamente de "Mamma Peppa," e de Grazio Maria Forgione, cujo apelido era "Zi Orazio". Viviam do que plantavam e de um pequeno rebanho. E no dia do nascimento de Padre Pio, marido e mulher se encontravam trabalhando no campo, quando "Mamma Peppa" começou a sentir as primeiras dores do parto.

E às cinco horas da tarde deste mesmo dia, nascia Francesco.

Foi batizado logo no dia seguinte, na Igreja Paroquial de Nossa Senhora dos Anjos, pelo Padre Nicolantonio Orlando, tendo como madrinha a própria parteira, Grazia Formichelli.

Podemos dizer que, desde o seu nascimento, Padre Pio começou a nos transmitir preciosas lições de amor a Deus, pois com apenas um dia de nascido já saía de casa para ser batizado na Igreja de sua Paróquia. Quantas vezes negligenciamos o batismo de uma criança, discutindo datas e padrinhos, planejando uma festa ou esperando indefinidamente alguém que venha de fora para ser padrinho ou madrinha... Lembremo-nos de que os padrinhos sempre podem ser representados por outras pessoas. O mais importante é o Sacramento que vai tornar cristão o recém-nascido que passará a fazer parte do Corpo Místico de Cristo.

A modesta casa em que nasceu Padre Pio ainda existe, em Pietrelcina, em Vico Storto do Vale 27, aberta à visitação pública e cuidadosamente bem conservada.

É muito emocionante percorrer aqueles poucos cômodos, simples e despojados, onde o menino Francesco nasceu e viveu até a sua entrada para o Seminário.

E pensar que daquele casebre sairia um grande Santo, como Padre Pio!

No entanto, não nos esqueçamos de que as pedras preciosas são retiradas dentre o cascalho do fundo dos rios.

Deus retira seus Santos do fundo da humildade e da simplicidade.

Padre Pio sempre se referia ao dia de seu Batismo, agradecendo à Providência Divina por ter sido batizado e agradecendo, também, ao sacerdote, a quem visitava periodicamente, demonstrando sua gratidão por ter feito dele um Filho de Deus e um Herdeiro do Céu. Até mesmo depois que o velho sacerdote se aposentou e foi morar em sua afastada cidade natal, Padre Pio nunca deixou de visitá-lo.

Os pais de Padre Pio tiveram sete filhos, dos quais apenas cinco sobreviveram: Michele, o filho mais velho, depois Francesco, o futuro Padre Pio, e mais Pellegrina, Felicita e Graziella, que se tornou freira da Congregação de Santa Brígida, sob o nome de Irmã Pia.

A família Forgione proporcionou excelente formação religiosa aos filhos. Nunca se sentavam à mesa, por exemplo, sem antes pronunciarem uma oração de agradecimento à Divina Providência pelo alimento que iam receber.

E assim desenvolviam nos filhos o gosto pela oração, pela prática do agradecimento a Deus pelas graças recebidas.

Certa vez, quando Padre Pio contava cinco ou seis anos de idade, sua mãe encontrou sua cama intacta e o pequeno Francesco dormindo no chão, com a cabeça sobre uma pedra.

– *Jesus sofreu muito mais do que isso* – desculpou-se o menino, diante da reclamação da mãe.

De outra vez, "Mamma Peppa" surpreendeu Francesco se batendo com uma corrente.

– *Não era assim que os judeus batiam em Jesus?!* – disse--lhe o menino, com a maior pureza de alma.

E sua mãe guardava tudo isso em seu coração, a exemplo da Virgem Maria, com discrição, compreensão e humildade.

Segundo depoimentos de seus amigos de infância, Francesco havia sido um menino ingênuo, reservado, observador, sem jamais ter pronunciado uma palavra grosseira ou uma blasfêmia. Era um "menino de boca limpa", no dizer dos colegas.

Seus pais, camponeses alegres, hospitaleiros e prestativos, eram muito queridos por todos. Dedicavam cuidados e atenção aos filhos, proporcionando-lhes um lar aconchegante e feliz, embora sem as regalias da riqueza material. Nunca lhes faltaram alimentos, agasalhos, como também nunca lhes faltaram calor humano e muito amor.

E desde a sua infância, Francesco recebia graças divinas excepcionais, sem que ninguém à sua volta pudesse suspeitar.

Só muito mais tarde seu diretor espiritual, Padre Agostino de San Marco in Lamis, veio a declarar que as aparições e os êxtases de Padre Pio tiveram início quando ele contava apenas cinco anos de idade, bem como uma espontânea e total consagração de si mesmo a Deus.

Daí em diante, foi constantemente agraciado com essas visões.

Em 1915, Padre Agostino ao lhe perguntar o motivo de ter calado tudo isso, por tanto tempo, Padre Pio respondeu com a pureza que sempre caracterizou sua alma: *"Eu pensava que isso acontecia com todo o mundo!"*

No entanto, também desde os cinco anos, Padre Pio foi alvo dos ataques do demônio.

Quando seu pai já lhe confiava alguma ovelha para pastorear, Francesco tinha que passar obrigatoriamente por uma ponte estreita e perigosa, a fim de conduzir o animal ao pasto. E à sua passagem, ouvia sempre uma voz assustadora, que parecia partir da copa das árvores, gritando-lhe: "Olha o santinho!... Lá vai o santinho!..." Já era o "maligno" que começava a provocar e a tentar o futuro Padre Pio.

Por outro lado, sua vocação e a presença da graça de Deus em sua alma eram evidentes, em sua atração pelas coisas de Deus, pela oração e pelas suas idas à Igreja, pela manhã e à tarde, *"para uma visita a Jesus e a Maria"*, como dizia.

Já adulto. quando lhe perguntavam que tipo de criança havia sido, ele invariavelmente respondia: *"Eu era um macarrão sem sal..."*.

Finalmente, Francesco foi para o colégio. O resultado de seus primeiros anos de estudo foi desastroso. Se, por um lado, o professor declarava aos pais que o menino não conseguia aprender coisa alguma, "certamente por ir demais à Igreja," Francesco tentava explicar que não eram suas idas à Igreja que atrapalhavam seus estudos. Ele e o professor não se entendiam.

Era muito difícil assimilar os ensinamentos de um professor que, inconscientemente, rejeitava, dada à ausência de Deus e a vida em pecado que pressentia nele. Na verdade, tratava-se de um mau padre que abandonara a batina.

Por outro lado, o futuro Padre Pio, já impregnado de Deus, por sua precoce união e inabalável fidelidade a Jesus Cristo, representava verdadeiro aguilhão para a consciência do professor. A presença do aluno Francesco o "incomodava", pois, sem saber qual o motivo, era levado a se conscientizar do lamentável estado de sua alma, decorrente de seu viver em pecado.

E quem poderia imaginar que, decorridos alguns anos, Padre Pio, já ordenado sacerdote, seria chamado para ministrar os últimos Sacramentos ao velho professor agonizante que morreu em seus braços...

Por fim, depois de sábia decisão de seus pais, Francesco passou a frequentar outra escola, prosseguindo em seus estudos com grande aproveitamento e progresso.

"Mamma Peppa" continuava a guardar tudo com discrição e humildade em seu coração e, às vezes, também em suas gavetas, como, por exemplo, esta "redação" de Padre Pio, aos dez anos de idade:

Tema: *SE EU FOSSE REI...*

Quanta coisa boa eu gostaria de fazer, se eu fosse rei... Naturalmente seria um Rei religioso... Combateria o divórcio... e faria com que o Sacramento do Matrimônio fosse bem mais respeitado.

Gostaria de ficar famoso por caminhar sempre como verdadeiro cristão e procuraria convencer todo o mundo a fazer o mesmo. Quem não quisesse, seria capaz de mandar prender! E como dizia Alexandre, O Severo, trataria a todos como gosto de ser tratado. Visitaria minhas Províncias com frequência, para que todas progredissem... Seria amigo de todos, seria gentil e obediente às Leis. Construiria estradas, livrarias, circos, monumentos e teatros... Promoveria as artes e os escritores seriam bem-vindos à minha corte.

Seria um homem como outro qualquer e me vestiria com simplicidade, com roupas feitas em casa. Conversaria com todo o mundo.

E seguiria o preceito de Vespasiano: 'SÓ UM AMIGO DA HUMANIDADE DEVERIA TER O PODER DE GOVERNAR!'

(Ass.) Francesco Forgione - 1897

Padre Pio foi crismado no dia 27 de setembro de 1899 e tudo indica que tenha feito sua Primeira Comunhão nesta mesma data.

Foi sempre e espontaneamente um menino de Missa e, mais tarde, de Comunhão diária. Além disso, costumava ir à Igreja todas as tardes, *"para uma visita a Jesus Sacramentado",* como ele próprio explicava.

Houve época em que Francesco chegava a pedir ao Sacristão que, em sua hora de almoço, o deixasse permanecer sozinho, em oração, no interior da Igreja fechada e vazia. Já era a sua busca da meditação e da contemplação silenciosa, de seus colóquios com Deus e com a Virgem Maria.

A devoção de Padre Pio a Nossa Senhora, seu amor pela Mãe de Jesus e também sua "Mãezinha", como carinhosamente a chamava, começou na sua infância e acompanhou-o por toda a vida.

Quando Francesco, ainda muito criança, com cinco ou seis anos de idade, passava por algum pequeno oratório de Nossa Senhora, o que era muito comum nas pequenas cidades da Itália, corria espontaneamente para saudá-La.

Por vezes, quando via alguma imagem da Santíssima Virgem Maria, à sombra de alguma árvore, largava as ovelhas e saía correndo para rezar junto dela. E Nossa Senhora o recompensava com aparições e êxtases, o que só veio a público muitos anos mais tarde, quando Padre Pio falava sobre a infância, em obediência aos Diretores Espirituais.

Conta-nos Padre Agostino de San Marco in Lamis, então um de seus Diretores Espirituais, que certa vez Francesco, em sua ingenuidade, perguntou-lhe se também via Nossa Senhora e se também conversava com Ela. E diante da resposta negativa do sacerdote, Francesco sorriu e disse:

– V*ocê não quer contar* por *humildade, não é?*

Sempre que o Capuchinho Frei Camillo da Sant'Elia a Pianisi visitava Pietrelcina, era muito bem recebido pela família Forgione e Francesco não tirava os olhos dele, como que fascinado por aquela longa barba negra que lhe emoldurava o rosto.

E quando perguntavam a Francesco se queria ser padre, ele respondia: "Só se tiver que usar barba!"

Finalmente chegou o momento de Francesco tomar uma decisão sobre sua vida. Foi quando comunicou aos pais que desejava ser sacerdote.

Seu pai não hesitou em emigrar para a América Latina, para Buenos Aires, a fim de possibilitar a realização do ideal de seu filho e poder pagar seus estudos no Seminário.

Os Forgione jamais se mostraram contrários à vocação de Francesco. Outra lição para nós: a compreensão e o respeito dos pais pela vocação do filho...

Grazio Forgione ainda emigrou uma segunda vez, indo para Nova York e Jamaica, isto de 1910 a 1917, a fim de subvencionar as despesas de tratamento de saúde do jovem sacerdote Padre Pio.

E no dia 6 de janeiro de 1903, lá se foi Francesco, com 15 anos de idade, para o Convento dos Padres Capuchinhos de Morcone, onde faria seu noviciado. Na hora da partida, Francesco despediu-se dos irmãos, do Vigário e ajoelhou-se para receber a bênção de sua mãe que, tomando-lhe as mãos, disse-lhe:

– Meu filho... sinto meu coração despedaçado, mas, nesse momento, não penses no sofrimento de sua mãe... Se São Francisco te chama, vai!

Em seguida, colocou-lhe um terço nas mãos, terço que Padre Pio conservou por toda a vida.

Seu pai não estava presente, pois emigrara para a América do Sul.

E assim, Francesco partiu em companhia de seu professor, Angelo Caccavo, e mais dois colegas que também desejavam seguir a vida religiosa.

Decorridos alguns dias, a 22 de janeiro do mesmo ano, depois do necessário retiro espiritual, Francesco se ajoelhava diante do altar da Igreja do Convento Capuchinho de Morcone, para receber o hábito de Noviço Capuchinho, recebendo o nome de Frei Pio de Pietrelcina, nome que ressoaria no mundo inteiro como um sinal de Deus.

Bem podemos imaginar a alegria divina que terá se apossado do jovem seminarista, agora completamente liberto das prisões do mundo para se dedicar a uma vida em Deus e com Deus, levando as almas para Deus.

Certa vez, quando seus pais foram visitá-lo, o Padre Guardião não se conteve e exclamou: "Seu filho é bom demais! Não se encontra nele defeito algum!"

Padre Pio foi sempre um exemplo perfeito de obediência humilde e corajosa.

Vez por outra, tinha problemas de saúde. Se num dia era acometido de febre elevadíssima, forte crise de asma, de bronquite ou de enxaqueca, com fortíssimas dores de cabeça, no dia seguinte poderia amanhecer curado e bem disposto.

Só muito mais tarde tais "doenças misteriosas" foram amplamente explicadas. Eram "sofrimentos místicos" que prepariam Padre Pio para subir o Calvário com Cristo, cumprindo sua missão maior de "Co-Redentor".

Certa vez, depois de um ano no Seminário, seus pais foram visitá-lo e ficaram muito impressionados com o abatimento de Francesco. Chegaram mesmo a pedir licença aos seus Superiores para levá-lo de volta para casa, a fim de se fortalecer. No entanto, seus Superiores foram de opinião que lhe bastaria uma mudança de ares e o jovem seminarista foi transferido para o Convento de S.Elia in Pianisi, onde permaneceu por quatro anos. Porém a mudança não favoreceu a saúde de Padre Pio. Continuava com seus mesmos problemas respiratórios e passava por longos períodos sem ingerir alimento algum. Chegou mesmo a passar vinte e um dias sem ingerir nada, a não ser a Sagrada Eucaristia.

Seus sofrimentos físicos não interferiam nem mesmo prejudicavam seus momentos de oração e de recolhimento. Eram muito mais as lutas espirituais e muitas vezes corporais que o demônio travava com Padre Pio, que constituíam verdadeiros obstáculos ao cumprimento de seus deveres religiosos.

Apesar de sua extrema discrição, pois Padre Pio relatava unicamente aos seus Superiores o que lhe sucedia, os boatos e as histórias se espalhavam, talvez mesmo por obra do demônio.

E Padre Pio, assim como o Cura D'Ars (São João de Vianney), vítima da fúria diabólica, mostrou-se sempre um corajoso guerreiro de Deus, imbatível lutador contra as forças do Mal. Sua vitória estava e estará sempre no número incontável de almas que levava e que continua levando para Deus.

No dia 10 de agosto de 1910, Padre Pio foi ordenado sacerdote por Monsenhor Schinosi, na Catedral de Benevento. A cerimônia foi assistida por sua mãe e seus irmãos. Seu pai não estava presente, pois ainda estava emigrado na América. E daquele dia em diante, nunca mais sua mãe o chamou "Francesco". Chamava-o de Padre Pio e lhe beijava a mão, embora ele protestasse, dizendo que o filho é quem deve beijar a mão da mãe.

No dia seguinte ao de sua ordenação, dia 11, Padre Pio celebrava sua primeira Missa em Pietrelcina.

E no dia 14, celebrava a sua primeira Missa Solene, também em Pietrelcina, na Igreja de Santa Maria dos Anjos, onde, vinte e três anos antes, havia sido batizado. E nas palavras que Padre Pio escreveu na pequena imagem comemorativa desta data, lá estava todo o seu programa de vida:

"Jesus, meu alento, que hoje, de mãos trêmulas, elevo num mistério de amor, possa eu ser sempre para o mundo, unido a Vós, Caminho, Verdade e Vida. E que eu seja para Vós um sacerdote santo e vítima perfeita."

Daí por diante, para Padre Pio, cada Missa que celebrava era como se fosse *"minha primeira Missa"*, como ele próprio afirmava. Sua alegria era sempre imensa, toldada apenas por uma coisa, *"pela minha ingratidão a Deus."*

Sentia-se como que abrasado por uma chama de amor a Deus, *"chama que arde, que queima, que consome, mas que não causa mal algum"* afirmava ele. *"A cada manhã recebo o Corpo do Filho de Deus (na Eucaristia) que vem a mim e derrama todos os eflúvios de sua bondade sobre meu pobre coração."*

Depois de sua ordenação, Padre Pio esteve alguns meses no Convento de Venafro, quando, em dezembro de 1911, seus problemas de saúde se agravaram muito e o levaram de volta a Pietrelcina.

Padre Pio sofria muito com isso e seus Superiores não viam com bons olhos suas ausências do Convento.

Finalmente o Padre Agostino de San Marco in Lamis, um de seus Diretores Espirituais, perguntou-lhe a que atribuía ser forçado a essas repetidas temporadas em sua cidade natal, ao que Padre Pio laconicamente respondeu: *"Incorreria em falta de caridade se revelasse o motivo pelo qual é da vontade do Senhor a minha permanência em Pietrelcina."*

Contudo, mesmo sofrendo por não poder ficar o tempo todo no Convento, não se tem notícia de Padre Pio tristonho, queixoso, mal-humorado ou se isolando do convívio de seus conterrâneos. Tratava a todos com igual cordialidade. E o mundo dos camponeses era ainda o seu mundo.

Às vezes Padre Pio afastava-se até o campo, cumprimentando a todos que encontrava pelo caminho, sempre com uma palavra de ânimo e de conforto para cada um, parando para dois dedos de prosa com outros, quando aproveitava para evangelizar e fazer apostolado, *"falando-lhes sobre as coisas de Deus"*, como ele mesmo explicava.

No período logo após sua ordenação e sua partida para o Convento, Padre Pio foi vítima de terríveis tentações diabólicas. *"O demônio me quer para ele, a qualquer preço,"* dizia.

Entretanto, era nestes momentos mais difíceis e angustiantes que não hesitava em recorrer a Nossa Senhora, *"nossa Mãezinha"*, como sempre a chamava, dizendo que não sabia como agradecer as *"graças especialíssimas"* que Ela lhe concedia.

Em Pietrelcina, além do tempo em que ficava de cama, por

motivo de doença, Padre Pio ajudava no que podia ao Pároco local, Don Salvatore Pannullo, como na distribuição dos Sacramentos, embora ainda não tivesse permissão para Confessar. E isto além de suas orações, leituras e meditações diárias e a assídua correspondência com seu Diretor Espiritual.

Durante um período de sete anos, antes e depois de sua ordenação sacerdotal, Padre Pio 'peregrinou' entre o Convento e a casa de seus pais, com sucessivas licenças para tratamento de saúde e depois o retorno ao convento.

Ao mesmo tempo em que Padre Pio retomava sua vida conventual, imediatamente o demônio retomava seus ataques barulhentos e escandalosos contra ele.

Hoje em dia, o "inimigo" mudou de tática: é mais sutil em seus ataques às criaturas de Deus, trabalhando sorrateiramente, a fim de que não se acredite mais nele. E não sendo logo reconhecido, mais danosa, corrosiva e devastadora a sua ação sobre as almas.

Quanto mais fosse Padre Pio "possuído" por Deus, quanto mais intensa a sua união com Cristo, na Cruz, mais o demônio desencadeava a sua fúria contra o jovem sacerdote, numa desesperada tentativa de atingir o próprio Cristo que vivia em Padre Pio, a própria Santíssima Trindade que habitava o âmago de seu ser, a própria Virgem Maria, Mãe de Deus, sua doce "Mãezinha do Céu", que vinha sempre em seu socorro.

Em contraposição aos violentos ataques diabólicos, ocorriam os êxtases de Padre Pio, muitas vezes presenciados e anotados por seus Diretores Espirituais. Eram frequentes os seus colóquios com Jesus, com Nossa Senhora e com seu Anjo da Guarda. *"Se não fossem essas consolações do Alto..."* escrevia Padre Pio aos seus Superiores.

O Pontífice Bento XV afirmava: *"De tempos em tempos Deus nos envia "almas solares" para atrair as almas a se voltarem para Ele, através da conversão... Padre Pio era uma dessas almas."* Na verdade, fazia com que as pessoas renascessem na fé, na caridade e no amor ao próximo, à luz de seus ensinamentos, de seus exemplos e de suas virtudes. Iluminava os passos de quem dele se aproximasse, mostrando sempre, à luz da verdade, o caminho a seguir, em direção a Deus.

As grandes conversões ocorriam durante sua Missa. Agindo sempre com simplicidade, tudo fazia pela salvação das almas. Pregava a força da oração e muitas vezes passava a noite em claro, rezando pelas pessoas que o procuravam para resolver seus problemas.

Seu horror ao pecado nunca o afastou do pecador. Era um "especialista" em grandes pecadores, habilidoso em "pescar" grandes peixes. Rápido e conciso em suas respostas, em seus conselhos, em suas advertências, 'temperava' tudo com uma pitada de seu inteligente senso de humor.

– Padre Pio, não acredito em Deus! – disse-lhe alguém.

– *No entanto, meu filho, Deus acredita em você!* – respondeu o Padre.

Alguém que ainda não o conhecia pessoalmente, mas já conhecia a sua fama de santidade, procurava-o ansiosamente pelos corredores do Convento.

Ao se defrontar com o próprio Padre Pio, perguntou-lhe:

– Onde está o padre santo?!

– *O Santo Padre está no Vaticano!* – respondeu Padre Pio.

Quando sua saúde precária o levava de volta à casa dos pais, em Pietrelcina, para uma convalescença mais longa, Padre Pio preferia sempre ficar numa parte da casa a que chamavam de

"Torreta", uma espécie de torreão reconstruído por ele mesmo. Ali se refugiava, em busca do silêncio e do recolhimento, para suas orações, suas leituras, seus estudos, suas meditações.

Sua mãe compreendia e respeitava-lhe a vontade, chamando-o apenas para as refeições.

Certo dia, quando "Mamma Peppa" chamou por Padre Pio, viu-o sair de seu refúgio, sacudindo violentamente as mãos.

– Que é que você tem, meu filho?! Está tocando violão?! – perguntou-lhe, sempre alegre e brincalhona.

– *Nada de grave, minha mãe* – respondeu Padre Pio.

E Dona Giuseppa, com a sua discrição habitual, não insistiu.

Padre Pio acabava de receber os estigmas invisíveis, a impressão dos sinais da crucifixão de Jesus Cristo em suas mãos, em seus pés e do lado do coração.

Isto aconteceu no dia 20 de setembro de 1915.

A dor era tão forte que o Vigário, quando soube do ocorrido, dispensou o jovem sacerdote da Missa.

Mas Padre Pio não se conformou e foi celebrar numa igrejinha de um bairro distante, que, por estranha coincidência, era a Igreja de São Pio Mártir.

Muitos anos depois, Padre Pio viria a declarar:

"Cada Santa Missa, quando bem assistida, com fervor e piedade, produz maravilhosos efeitos em nossa alma, nos proporcionando abundantes graças espirituais e materiais como nem poderíamos imaginar. Portanto... não deixem de assistir à Santa Missa."

"... O mundo pode passar sem o sol, mas não pode passar sem a Santa Missa." (AP) (Arquivos de Padre Pio)

O SOLDADO FRANCESCO FORGIONE

Estoura a Primeira Guerra Mundial. Padre Pio é convocado. Troca a batina pela farda de soldado. E parte.

Dado a seu físico franzino e a sua incompetência no manuseio de armas e demais atividades de um recruta, aliada a uma comovente humildade e extrema boa vontade, seus superiores resolveram lhe dar tarefas mais simples. Assim sendo, Padre Pio foi faxineiro, substituto de quem faltasse, uma espécie de pau para toda obra.

Não era isso que aborrecia Padre Pio, na sua permanência no quartel. Aceitava e oferecia tudo em união ao Cristo Crucificado.

Era o ambiente promíscuo da caserna, o palavreado e as blasfêmias dos companheiros, que violentavam o jovem Franciscano, tornando extremamente penoso permanecer naquele ambiente.

Todavia Deus, em sua Sabedoria, muitas vezes desconcertante para nós, mortais, permitia que Padre Pio passasse por tudo isso, a fim de fazê-lo tomar conhecimento do pecado e dos pecadores pessoalmente, e não só através de livros e tratados. Mais parecia um curso intensivo de horror ao pecado e caridade para com os pecadores.

Decorrido algum tempo, Padre Pio foi transferido para o Hospital da Santíssima Trindade, em Nápoles, onde era obrigado a executar os serviços mais abjetos.

Percebia-se novamente a ação sábia de Deus, no preparo e aperfeiçoamento do jovem Capuchinho, fazendo-o conhecer de perto todo tipo de trabalho e lidar com a miséria humana, presenciando e procurando aliviar o sofrimento físico dos doentes e dos feridos de guerra.

Padre Pio sofria até com a vestimenta que lhe era imposta: uniformes sempre muito maiores do que seu tipo franzino requeria lhe dificultavam os movimentos, nos trabalhos pesados que executava.

Esforçava-se em cumprir seus deveres com a presteza e a perfeição que lhes permitiam as mãos permanentemente doloridas, em consequência dos estigmas invisíveis. Invisíveis para todos, menos para Deus.

Finalmente, chegou o dia de sua libertação, se bem que através de uma enfermidade: recebeu de seus superiores uma licença para tratamento de saúde, sendo enviado para o Convento de Sant'Anna, em Foggia. Ali permaneceu durante sete meses e de lá escrevia ao seu Diretor Espiritual, para dizer-lhe: *"Verdadeira multidão de almas, sedentas de Deus, me solicitam sem descanso! Regozijo-me no Senhor, pois verifico que a fileira de almas eleitas vai sempre aumentando e Jesus é cada vez mais amado!"*.

Quando seus problemas de saúde não lhe permitiam celebrar a Missa ou receber a Eucaristia, Padre Pio ficava inconsolável:

"Sofro muito por não poder celebrar a Santa Missa e não poder alimentar-me da carne do Divino Cordeiro", escrevia.

Dia 28 de julho de 1916, Padre Pio chegava ao Convento Capuchinho de Santa Maria das Graças, na cidade de San Giovanni Rotondo, para onde havia sido transferido.

O único acesso à pequena cidade só podia ser feito em lombo de burro ou a pé, por uma poeirenta estrada de terra.

O Convento era um prédio de dois andares, em continuação à Igrejinha ("la Chiesetta") tosca e primitiva, cuja porta principal nem fica no meio da fachada, mas que lá está até hoje, cuidadosamente conservada e aberta à visitação dos peregrinos, por ter sido ali que Padre Pio celebrou muitas Missas e onde ainda se encontra o seu Confessionário.

Era ali que, em nome de Deus e como representante de Jesus, perdoava os pecados, durante o Sacramento da Reconciliação. Absolvendo e convertendo multidões, obtinha do Senhor, através de sua poderosa intercessão, verdadeira chuva de graças sobre seus penitentes.

Em San Giovanni, Padre Pio passou 51 anos de sua vida, sem sair para lugar algum, exceto por uma única vez, quando foi a Roma, assistir à tomada de hábito de sua irmã Graziella, na Congregação de Santa Brígida.

Seu primeiro ano no Convento Capuchinho de Santa Maria das Graças foi uma vida de oração e de total obscurantismo.

OS ESTIGMAS

Consultando o primeiro volume do Epistolário de Padre Pio, verificamos que desde o ano de 1910 ele já sofria os estigmas, visíveis apenas como manchas avermelhadas, na palma das mãos e na planta dos pés.

Contudo, Padre Pio só viria a relatar o ocorrido numa carta de 8 de setembro de 1911, dirigida ao Padre Benedetto, então seu Diretor Espiritual:

"Ontem à tarde aconteceu-me algo que não consegui compreender e nem sei explicar: apareceu-me no centro das palmas de minhas mãos, uma mancha avermelhada, do tamanho de uma moeda de centavo, acompanhada de dor aguda. A dor era mais forte na mão esquerda, persistindo até hoje. Sentia também um pouco de dor na planta dos pés. Este fenômeno vem se repetindo há quase um ano, mas agora estou pior. Não se preocupe por não ter lhe contado isso antes, mas sempre me deixo vencer por aquela maldita vergonha de contar as coisas que me acontecem. Mesmo agora, se soubesse como tenho que me violentar para lhe contar tudo isso! Teria ainda muitas outras coisas a relatar, mas me faltam palavras. Digo-lhe, porém, que diante de Jesus Sacramentado as batidas de meu coração ficam tão fortes que tenho a impressão de que o coração vai me saltar do peito! Algumas vezes, quando estou no Altar, meu corpo parece abrasado, sobretudo o rosto que me parece em fogo!

Meu Pai, confesso que desconheço o significado desses sinais!"

Numa carta datada de 21 de março de 1912, assim escreve Padre Pio a Padre Agostino, agora seu Diretor Espiritual:

"Da noite de quinta-feira até sábado, bem como também na terça--feira, uma dolorosa tragédia se abate sobre mim.

Sinto uma dor tão aguda no coração, nas mãos e nos pés, que me parecem traspassados por uma espada.

O demônio não cessa de me aparecer sob as mais horripilantes formas e me agride violentamente.

Mas, viva o amor de Jesus que me recompensa de tudo isso com suas visitas!"

Finalmente, em setembro de 1915, Padre Agostino resolveu escrever ao Padre Pio, pedindo-lhe veementemente que respondesse às suas perguntas, que lhe enviaria por carta. Era--lhe absolutamente necessário chegar a uma conclusão sobre os fenômenos místicos que se abatiam sobre o seu dirigido. E assim Padre Agostino escreveu:

"Em nome de Jesus, eu lhe peço que não deixe de responder às minhas perguntas. Reze, antes de responder. Posso afirmar que é da vontade de Jesus que eu seja colocado a par de tudo: em primeiro lugar para a Sua glória e também para a salvação das almas. Responda-me:

1 – Quando foi que Jesus começou a lhe agraciar com visões celestiais?

2 – Concedeu-lhe Jesus a imensa graça de receber em seu corpo os Seus sagrados estigmas, ainda que invisíveis?

3 – Permitiu-lhe Jesus sofrer Sua Coroação de Espinhos e Sua Flagelação e por quantas vezes?

Não se trata de mera curiosidade de minha parte e Jesus conhece minhas intenções. Procure rezar e depois me responder, embora eu me submeta resignadamente à vontade de Jesus.

Mas, volto a suplicar por sua resposta."

No mês seguinte, em outubro de 1915, Padre Pio respondeu ao Padre Agostino:

"Não poderia deixar de reconhecer a vontade expressa do Senhor em que eu lhe responda, dada a insistência de suas perguntas. E com mãos trêmulas e o coração repleto de dor, sem saber o motivo de tudo isso, apresso-me em responder suas perguntas.

Deseja saber quando foi que Jesus começou a agraciar esta pobre alma com visões celestiais? Se não me engano, foi logo depois do meu primeiro ano de noviciado (de janeiro de 1903 a janeiro de 1904).

À sua segunda pergunta respondo que a primeira vez em que Jesus me concedeu a graça de receber seus estigmas em meu corpo, os estigmas eram visíveis, principalmente numa de minhas mãos. No entanto, já que estes sinais externos representavam verdadeira tortura para minha alma, pedi ao Senhor que os retirasse, no que fui atendido e os sinais visíveis desapareceram. Mas, a dor aguda e constante, que me causavam, continuou em certas circunstâncias e em determinados dias.

Quanto à sua terceira e última pergunta, se o Senhor me permitia sofrer a Sua Coroação de Espinhos, bem como a Flagelação e por quantas vezes, devo dizer-lhe que minha resposta é afirmativa, acrescentando apenas que minha pobre alma sofre tudo isso, pelo menos uma vez por semana, há vários anos.

E espero assim ter respondido a todas as suas perguntas."

Numa carta de 10 de outubro de 1915, Padre Pio escreve novamente ao Padre Agostino, para relatar que as manchas avermelhadas da palma das mãos, às vezes, abriam-se em feridas doloridas, aparecendo e desaparecendo periodicamente. Não menciona se o fenômeno se repetia na planta dos pés e no tórax nem se a dor também se repetia em seus membros inferiores.

Padre Agostino lia essas cartas com muita atenção, reconhecendo que algo de sobrenatural acontecia ao jovem padre.

Estaria Deus "pessoalmente" esculpindo mais um de seus santos?!

Com seu cinzel em brasa, estaria permitindo que a chama do Amor Eterno e Perfeito de seu Sagrado Coração forjasse a alma daquele jovem sacerdote, preparando-o para ser um de seus arautos na terra?! E um de seus autênticos representantes, verdadeiro Co-Redentor na missão de salvar almas?! Durante oito anos o Divino Cinzel continuou burilando, através dos sofrimentos de Cristo impressos no corpo de Padre Pio, as pedras preciosas que lhe serviam de alma e coração.

Mas a experiência mística mais traumatizante ainda estava por vir.

E aconteceu no dia 5 de agosto de 1918. Tratava-se da "transverberação do coração", fenômeno místico, talvez o mais importante da vida de Padre Pio e vivenciado por diversos santos, como, por exemplo, por Santa Tereza D'Ávila.

Temos conhecimento disso pelo relato do próprio Padre, em carta de 21 de agosto de 1918 a seu então Diretor Espiritual, Padre Benedetto:

"Seria impossível descrever exatamente o que sucedeu, pois foi um momento de extremo martírio.

Estava eu confessando nossos jovens, à tarde do dia 5 (*de agosto*), quando, de repente, à vista de um Personagem celeste que se apresentou diante de meus olhos da mente, tudo ficou aterrador. Tinha na mão uma espécie de lança, semelhante a uma longuíssima e pontiaguda lâmina de ferro, de cuja extremidade parecia sair fogo.

Observar tudo isso e ver o referido Personagem agir, traspassando-me abruptamente a alma, foi tudo uma questão de instante. Com dificuldade, emiti um gemido e me senti morrendo.

Disse ao jovem, que estava se confessando comigo, que se retirasse, pois me sentia mal e, realmente, não tinha mais condições para continuar a atendê-lo.

Esse martírio continuou, sem interrupção, até a manhã do dia 7. Não sei avaliar a intensidade do meu sofrimento, neste período letal. Era como se minhas vísceras estivessem sendo estraçalhadas pelo instrumento pontiagudo e retiradas de dentro de mim, tudo a ferro e fogo. E daquele dia em diante, sinto-me como que ferido de morte. Sinto também, no âmago de minha alma, uma ferida aberta que provoca constantes espasmos de dor."

No segundo período dos estigmas de Padre Pio, de 20 de setembro de 1918 até 23 de setembro de 1968, data de sua morte, as chagas ficaram permanentemente visíveis: começaram do tamanho de uma moeda pequena, aumentaram até atingir dois centímetros de diâmetro e daí por diante conservaram sempre a mesma forma arredondada e o mesmo tamanho.

O ferimento do tórax era do lado esquerdo, em feitio de cruz, sendo que a haste mais longa se estendia obliquamente da quinta à nona costela, enquanto a haste transversal era a metade do tamanho da haste maior.

Para uma descrição exata do que chamamos de estigmatização externa de Padre Pio, nada como o seu próprio relato, numa carta dirigida ao seu então Diretor Espiritual, Padre Benedetto, em 22 de outubro de 1918:

"Era a manhã do dia 20 do mês passado (referia-se ao mês de setembro), estava eu no Coro da igreja, depois de celebrar a Santa Missa, quando fui surpreendido por um repouso, semelhante a um doce sono. Todos os sentidos, externos e internos, bem como as faculdades da alma, encontravam-se num estado de indescritível quietude.

Havia um silêncio absoluto a minha volta e dentro de mim; em seguida, sobreveio-me uma grande paz e me abandonei à completa privação de tudo.

Fez-se uma trégua até na conscientização de minha própria miséria. E tudo isso sucedeu no espaço de um único instante.

Enquanto isto acontecia, vi-me de repente diante de um misterioso Personagem, semelhante ao visto naquela tarde de 5 de agosto, mas que se diferenciava do anterior por lhe correr sangue das mãos, dos pés e do lado do tórax.

Sua visão me aterrorizou. E o que senti naquele momento, não saberia descrever. Parecia-me morrer e teria morrido se o Senhor não tivesse interferido, sustentando meu coração que me parecia saltar do peito.

Em dado momento, o Personagem desapareceu da minha vista e percebi que minhas mãos, meus pés e meu peito estavam perfurados e vertiam sangue. Imagine o meu tormento, a tortura que senti na hora e que continuo a sentir até hoje, quase todos os dias.

A chaga do peito verte sangue continuamente, com mais intensidade a partir da tarde de quinta-feira até a tarde de sábado.

Meu Pai! Morro de sofrer, devido a esta tortura e a este constrangimento que sinto no íntimo de minha alma! Temo morrer exangue, se o Senhor não ouvir os gemidos de meu pobre coração e não cessar esta operação. Jesus, que é tão bom, não me concederia esta graça? Não retiraria de mim ao menos esta confusão que esses sinais externos me causam?

Elevarei a Ele, bem forte, a minha voz e não desistirei de suplicar--Lhe que, pela sua Misericórdia, retire de mim não o sofrimento, não a dor, o que considero impossível, pois sinto em mim o gosto pelo sofrimento, o desejo de inebriar-me na dor. Mas, que retire de mim estes sinais externos que me confundem e me causam uma humilhação indescritível e insustentável.

O Personagem, sobre o qual pretendia lhe falar na minha carta precedente, não é outro senão o mesmo de quem já lhe falei, referindo-me à visão do dia 5 de agosto...

Sinto um constante rumorejar dentro do peito, como se houvesse uma cascata vertendo sangue ininterruptamente no interior de meu corpo.

Meu Deus! Teu castigo é justo e Teu julgamento é reto, mas, afinal, concede-me a Tua Misericórdia.

Senhor, sempre te direi como o teu profeta: 'Domine, ne in furore tuo arguas me, neque in ira tua corripias me!' ("Senhor, não me repreenda no momento do teu furor, e não me castigues no momento de tua cólera!")

A estigmatização de Padre Pio ocorreu quando ele se encontrava no Coro da Igreja de Santa Maria das Graças, em San Giovanni Rotondo, rezando em ação de graças, depois da Santa Missa. Seu grito lancinante atravessou a nave da igreja, onde se encontravam alguns de seus confrades em oração.

Acorreram imediatamente ao Coro da Igreja e encontraram Padre Pio sem sentidos, caído ao chão, com os pés, as mãos e o lado do tórax vertendo sangue. Ninguém lhe perguntou coisa alguma.

Depois de reanimá-lo, conduziram-no a sua cela. Nesta precisa ocasião, o Superior do Convento, Padre Paolino Casacalenda, encontrava-se ausente.

Assim que retornou ao Convento, pôs-se ao corrente do acontecido, pedindo ao próprio Padre Pio que lhe relatasse tudo.

Comunicou-se imediatamente com o Padre Provincial do Convento de Foggia e este não só ordenou que os estigmas fossem fotografados por Padre Plácido, do próprio Convento de San Giovanni, como também providenciou a visita médica do Professor Luigi Romanelli, eminente Chefe da Equipe Médica do Hospital de Barletta.

Padre Pio deixou-se fotografar com humildade e obediência.

Tentava, a todo custo, estancar o sangue de suas feridas e cicatrizá-las, usando, para isso, uma solução de iodo.

Tudo inútil.

Num período de quinze meses que se seguiu à estigmatização de Padre Pio, Doutor Romanelli examinou-o por cinco vezes.

Finalmente, assinou o seguinte laudo médico:

"Padre Pio tem um corte profundo, paralelo às costelas, no quinto espaço intercostal de seu lado esquerdo, medindo de 7 a 8 cm de comprimento. Na lesão das mãos, há grande abundância de sangue

arterial. Contudo não se verifica inflamação alguma nas bordas da ferida, mas tornou-se uma zona de grande sensibilidade ao menor toque. A ferida das mãos apresenta-se recoberta por uma membrana de um vermelho escuro, mas também não se verifica inflamação, nem edema. Quando pressionei com meus próprios dedos a palma e o dorso das mãos, tive a impressão de haver um espaço vazio.

Pressionando as feridas desta forma (na palma e no dorso da mão), não se pode saber se elas se comunicam, pois uma pressão mais forte causa uma dor lancinante. No entanto, repetindo várias vezes a experiência, pela manhã e à tarde, cheguei à mesma conclusão.

A lesão dos pés tem as mesmas características da lesão das mãos, mas, devido à pele dos pés ser mais espessa, fica difícil de repetir a experiência das mãos.

Examinei Padre Pio cinco vezes, num período de quinze meses.

Embora tenha notado certas modificações nos ferimentos, não me foi possível diagnosticar ou mesmo classificar suas lesões, segundo os cânones da clínica médica."

No dia 26 de julho de 1919, um mês depois de Doutor Romanelli ter apenas iniciado os exames de Padre Pio, foi chamado um outro médico, Doutor Amico Bignami, Professor de Patologia do Hospital Real de Roma, indicado pelo Vaticano.

Doutor Bignami, ateu e positivista, tinha, por princípio, negar tudo o que não pudesse ser comprovado pela ciência.

Depois de examinar Padre Pio, produziu este estranho laudo médico:

"O estado físico do paciente se apresenta normal. As feridas no tórax, nas mãos e nos pés podem ter tido origem em múltipla e neurótica necrose da pele (isto é, morte de tecidos vivos, causada pelo nervosismo do paciente). A simetria das feridas pode ter sido causada por um fenômeno inconsciente de autossugestão e pode ter sido mantida artificialmente pelo ácido da tintura de iodo, aplicada pelo próprio paciente, embora alguns médicos neguem que o referido medicamento pudesse causar queimaduras cáusticas e irritação dos tecidos."

Ao mesmo tempo, Doutor Amico Bignami mostrou-se bem impressionado com a saúde mental de Padre Pio, considerando-a, mesmo, excelente.

Mas não obstante, quis tentar um tratamento cicatrizante, aplicando uma espécie de unguento sobre as feridas, enfaixando-as logo em seguida e lacrando a bandagem.

Recomendou a Padre Pio que não tocasse nos curativos durante alguns dias.

O Doutor Bignami era de opinião que as feridas cicatrizariam e o caso estaria encerrado.

Porém quando alguns dias mais tarde o próprio médico abriu a bandagem, lá estavam as chagas, intactas, continuando a verter sangue vivo.

Os Superiores Gerais da Ordem dos Capuchinhos de Roma não ficaram satisfeitos com o diagnóstico do Doutor Bignami e designaram um outro médico, de sua inteira confiança, para examinar Padre Pio.

Tratava-se de Doutor Giorgio Festa, cirurgião considerado um dos melhores médicos de Roma, porém agnóstico. Ocupava o importante cargo de chefe da equipe médica que atendia à Casa Matriz dos Capuchinhos.

Chegou a San Giovanni Rotondo e, em princípio, discordou do diagnóstico de Doutor Bignami, pois não acreditava que a tintura de iodo pudesse ocasionar as lesões, mesmo porque Padre Pio não havia aplicado medicamento algum depois dos exames de Doutor Bignami.

E as feridas continuavam na mesma.

Depois de examiná-las cuidadosamente, Doutor Festa assinou um laudo, descrevendo-as em seus mínimos detalhes e afirmando, ainda, que as feridas não eram superficiais. Elas não permitiam que Padre Pio fechasse as mãos. Eram recobertas por uma crosta marrom avermelhado, o que é comum nos ferimentos. Durante o exame, o sangue corria sob a forma de pequenas gotas. Mas, ao contacto com o ar, o sangue coagulava e formava a referida crosta.

Em continuação ao seu minucioso relatório, declarou, ainda, Doutor Festa:

"As lesões das mãos apresentam as bordas muito bem delineadas, permitindo constatar, com a ajuda de uma lente, a pele intacta ao seu redor, sem o menor sinal de inflamação, de infecção, de edema ou sequer de vermelhidão.

O osso do metacarpo não apresenta sinal de descontinuidade anatômica e, embora ligeiramente alargado, na parte do centro, conserva sua medida normal. No dorso da mesma mão esquerda, aproximadamente na mesma direção do osso do terceiro dedo, portanto não correspondendo exatamente à lesão da palma da mão, há também uma ferida semelhante à outra, na forma e na aparência. Parece de tamanho um pouco mais reduzido e a crosta parece mais superficial. As lesões dos dois lados da mão direita podem ser descritas da mesma forma e vertiam sangue constantemente, durante o meu exame.

As lesões dos pés, na planta e no peito de cada pé eram também de forma circular, correspondendo precisamente ao segundo metatarso.

Ajudei Padre Pio a tirar as meias que apresentavam manchas de soro sanguíneo (a parte que permanece líquida, após a coagulação de um fluxo de sangue).

As feridas dos pés, recobertas por uma crosta um pouco menos espessa, de cor marrom avermelhado, apresentavam as mesmas características das lesões das mãos, embora um pouco menores e um pouco menos profundas.

Não se verifica o menor vestígio de infecção, de edema ou de reação inflamatória na região da pele que circunda as lesões. E essas lesões dos pés vertiam soro sanguíneo continuamente, porém em muito menor quantidade do que as feridas das mãos.

Pressionando-as com os dedos, inda que levemente, nota-se a dor que causa a pressão.

Se eu for interrogado por autoridades superiores, sobre as características destas lesões, responderei afirmando, sob juramento e fiel à certeza de minha observação, que ser-me-ia possível ler qualquer escrito, ou visualizar qualquer objeto através do rompimento das feridas."

E em vez de Doutor Festa dar o caso por encerrado, como o fizera o Doutor Bignami, com uma única visita e um único exame, solicitou uma nova consulta, fazendo-se acompanhar por duas testemunhas: pelo médico Doutor Romanelli, que já havia examinado Padre Pio, e pelo Superior Provincial dos Capuchinhos.

Doutor Festa começou o exame por retirar as sandálias de Padre Pio. Imediatamente, nas extremidades das meias, via-se uma mancha circular, úmida e avermelhada, o que foi constatado pelas testemunhas do exame.

Ficou também comprovado que as manchas de sangue não poderiam ser causadas por simples aplicação de tintura de iodo. Eram feridas vertendo sangue continuamente.

A respeito da lesão do tórax, Doutor Festa já havia apresentado, por escrito, o seu laudo :

"Do lado esquerdo do tórax, há um ferimento em feitio de cruz invertida, com a mesma aparência das outras lesões, recoberta por uma fina crosta. Nesta região também não se verifica o menor vestígio de infecção, edema ou inflamação da pele que circunda o ferimento. Embora a lesão pareça superficial, verte sangue em maior quantidade do que as demais, o que pude constatar com meus próprios olhos.

As lesões que descrevi, situadas na palma e no dorso das mãos, bem como na planta e no peito dos pés e na região esquerda do tórax, são, na ocasião da elaboração do presente laudo, as únicas feridas que encontrei no corpo de Padre Pio. De resto, sua pele é alva e sem alterações e apresenta todas as características da normalidade."

Ao final da consulta, Doutor Festa e mais seus dois convidados, Doutor Romanelli e o Superior Provincial dos Capuchinhos, testemunharam, com grande emoção, algo mais do que as chagas de Padre Pio: sentiram o perfume que emanava dessas chagas.

E o relatório decorrente tornou-se um precioso documento:

"... O aparecimento dessas feridas, suas estranhas características anatômicas e patológicas, mais a constância com que vertem sangue vivo e perfumado, estão localizadas em pontos de seu corpo que correspondem às chagas do Corpo de Nosso Senhor Jesus Cristo, oferecido em supremo holocausto da Cruz. Todos estes detalhes poderão constituir um mistério somente para as criaturas que não compreendem nem mesmo as misteriosas verdades que a natureza apresenta e portanto não conseguiriam alcançar a grandiosa síntese da religião.".

Inútil dizer que Doutor Giorgio Festa, que se dizia agnóstico, converteu-se.

Tornou-se "filho espiritual" de Padre Pio.

Seu primo, Cesare Festa, que era um famoso advogado de Gênova, diretor do jornal "Il Caffaro", homem de grande cultura e de grande inteligência, era também um expoente da Maçonaria e recusava, sistematicamente, as insinuações do primo, Doutor Giorgio Festa, para que fosse conhecer Padre Pio.

Finalmente, Cesare Festa resolveu ir a San Giovanni Rotondo e procurar Padre Pio. Foi sozinho, sem avisar pessoa alguma.

Chegando a San Giovanni, dirigiu-se ao Convento Capuchinho e, quando no adro da Igreja, pediu para ser apresentado ao Padre Pio. Ao vê-lo, sem saber ainda de quem se tratava, Padre Pio exclamou:

— *Você é maçom!*

Cesare Festa fez que sim, com a cabeça. E quando o Padre Pio lhe perguntou qual era o seu objetivo, na Maçonaria, Cesare respondeu: "Combater politicamente a Igreja Católica". Padre Pio permaneceu calado por alguns instantes, fixando-o longamente. Em seguida, tomando-o pelo braço, afastou-se com ele do recinto. E apenas narrou-lhe a parábola do Filho Pródigo. Foi o suficiente para que o famoso advogado Cesare Festa caísse de joelhos, aos seus pés.

Aquele breve encontro lhe valeu a mudança imediata de vida e uma conversão sincera. Abandonou a Maçonaria e escreveu ao primo, Doutor Giorgio Festa, agradecido, relatando-lhe o feliz resultado de seu encontro com Padre Pio, que o aceitou como seu "filho espiritual". De volta a Gênova, Cesare Festa ingressou na Ordem Terciária Franciscana.

Aos primeiros médicos, que examinaram Padre Pio, juntaram-se outros, no intuito de examinar e talvez até de curar seus estigmas. Padre Pio se submetia pacientemente a todo e qualquer tipo de exame e de tratamento, inclusive a diversos exames neurológicos e psiquiátricos.

A possibilidade de ser histeria ficou logo descartada, pois os psiquiatras afirmavam que a histeria provoca sintomas e nunca lesões. Além disso, Padre Pio era uma pessoa calma, tranquila, longe das características de personalidade histérica.

Seus estigmas eram feridas reais, a origem era absolutamente "irreal", ou melhor, inexplicável. Permaneceram por 50 anos no corpo de Padre Pio, sob condições estáveis, isto é, sem piorar nem melhorar, nunca inflamadas e muito menos infeccionadas.

E os médicos eliminavam totalmente a hipótese de que pudessem ter sido provocadas pela aplicação de algum medicamento ou ocasionadas por objetos cortantes ou mesmo por alguma arma.

Depois que as chagas perfuraram as mãos de Padre Pio, de um lado a outro, ele demonstrava dificuldade para fazer qualquer movimento. Não podia cerrar os punhos, ou fechar as mãos. As feridas impediam-no de escrever bem, pois não podia firmar os dedos na caneta, para que a chaga não sangrasse. Não podia segurar com firmeza objeto algum. Não podia carregar o menor peso. Não podia sequer apanhar uma cadeira para mudá-la de lugar.

Os pequenos fluxos de sangue, vertidos constantemente pelas feridas, levaram-no ao uso de mitenes, luvas de malha de linha, que lhe cobriam as mãos, deixando descobertos os dedos. Eram de cor marrom, para serem usadas durante o dia e de cor branca para a noite.

Durante a celebração da Santa Missa, Padre Pio só retirava as luvas no momento da Consagração.

Mas nem assim as suas chagas ficavam visíveis, pois ele puxava sobre as mãos as mangas dos paramentos.

Seus pés ficavam protegidos, sob as meias. Para dormir, Padre Pio usava meias especiais, de material impermeável, a fim de não sujar os lençóis, o que lhe era extremamente penoso durante o inverno, pois não podia usar meias de lã para lhe aquecer os pés.

E para lavar o rosto, também usava luvas impermeáveis.

Padre Pio fazia, ele próprio, a assepsia de suas feridas.

Em seus últimos anos de vida, passou a depender da ajuda de seus confrades, uma dependência praticamente obrigatória e extremamente constrangedora.

Para tirar ou calçar as próprias sandálias, não podia inclinar-se, por causa da chaga do tórax que começava logo a sangrar. Para vestir a camiseta básica, o hábito e o capuz de Franciscano, precisava também de ajuda.

A quem Padre Pio pedia ajuda, começava sempre por dizer: "Por caridade..."

E havia sempre um irmão por perto que se apressava e se honrava em ajudá-lo.

O peso de seu corpo era dolorosamente sustentado por seus pés feridos e inchados. Daí tantas vezes Padre Pio ter sido visto cambaleando, pelos corredores do Convento.

A alimentação de Padre Pio era frugal. Enquanto a alimentação normal de uma pessoa seria de 1400 a 1600 calorias por dia, o Padre ingeria apenas 400 a 600 calorias diárias, assim mesmo somente quando eram adicionadas algumas gotas de conhaque em seu café, por ordem médica.

Seu peso era estranhamente estável: 90 quilos.

Certa vez, passou 21 dias doente, alimentando-se apenas da Sagrada Eucaristia. Quando se restabeleceu, pesava os mesmos 90 quilos.

Padre Pio aceitava suas cruzes sem murmurações, sem revolta, oferecendo seu sofrimento a Deus, em união com Cristo, na Cruz, pela salvação das almas.

Cumpria heroicamente com seus deveres de sacerdote, *"do Altar para o Confessionário e do Confessionário para o Altar"*, como ele próprio entendia e definia o que considerava a vida sacerdotal.

E não sem motivo era chamado *O Homem da Missa, O Homem da Oração, O Homem da Esperança*.

O SACERDOTE ESTIGMATIZADO

Padre Pio tratava os médicos com especial deferência e quase todos tornavam-se seus amigos e seus "filhos espirituais".

Os ateus, os agnósticos ou os pertencentes a credos diversos, todos aqueles que se aproximavam de Padre Pio eram atraídos pela irresistível luz de Deus que emanava de sua "alma solar", como o Papa Bento XV tão bem definiu a alma de Padre Pio.

E acabavam por cair aos seus pés, totalmente convertidos, através da poderosa intercessão daquele sacerdote humilde, que assim se autodefinia: *"Sou apenas um frade que reza. E nem sei se estou sendo um bom frade, o frade que Deus quer que eu seja."*

Uma de suas conversões mais admiráveis foi a de Beniamino Gigli, considerado um dos maiores tenores líricos de sua época, famoso no mundo inteiro, fazendo grande sucesso nos palcos do Metropolitan Opera House de Nova York, de 1921 a 1932.

Certa vez, no auge de sua carreira, como se encontrasse na cidade de Bari, muito perto de San Giovanni Rotondo, Beniamino Gigli teve vontade de conhecer Padre Pio. E foi a San Giovanni.

Quando se aproximou de Padre Pio, ouviu-o dizer-lhe:

– *Muda de camisa, rapaz!*

– Mas, Padre – respondeu-lhe Gigli – esta minha camisa é nova!

— *Você se chama "Gigli"* ("lírios") – continuou Padre Pio – *mas não é um lírio! E sua camisa está limpa, mas a sua alma está manchada!*

Em seguida, saindo com ele do recinto, Padre Pio deu-lhe a entender que estava a par de sua vida particular e que Gigli não estava em estado de graça, na graça de Deus.

Beniamino Gigli desfez-se em lágrimas, ajoelhando-se aos pés do Padre para se confessar, sinceramente arrependido de seus pecados.

Daquele dia em diante, o célebre cantor começou vida nova, tornando-se não só um dos maiores amigos de Padre Pio, como também seu "filho espiritual".

Visitava-o frequentemente e muitas vezes cantava para ele, no jardim interno do Convento, soltando sua bela voz em "Oh, grande, Sumo Deus!", "Ave-Maria" e muitas outras canções, entre as quais "Mamma", que levava Padre Pio às lágrimas, lembrando-se de sua querida mãe.

Beniamino Gigli foi realmente 'conquistado' para Deus, por Padre Pio.

Mais tarde Gigli confessou-lhe que, embora frequentemente se encontrasse em companhia de soberanos, presidentes de nações, ditadores, magnatas da indústria, homens ilustres e célebres do mundo inteiro, em ambientes requintados, de alto luxo, jamais experimentara a emoção que sentia ao entrar no jardim interno do Convento de San Giovanni, declarando:

— Nem em salas douradas, nem em praças públicas repletas de gente, jamais senti emoção tão forte como a de estar aqui, neste modesto jardim do Convento!

Muitas vezes Beniamino Gigli sentiu a presença de Padre Pio à distância, através do perfume que o Padre fazia sentir a quem precisasse do apoio de sua presença, o que muito lhe ajudava no prosseguimento de sua caminhada para Deus.

Beniamino Gigli faleceu em Roma, a 30 de novembro de 1957, depois de deixar o testemunho de sua conversão em sua autobiografia, atribuindo-a exclusivamente a Padre Pio, atestando seus dons e o poder de sua intercessão junto a Deus.

Há uma longa lista de artistas que procuraram o Padre, em busca de sua ajuda na resolução de seus problemas, na cura de seus males ou de seus parentes, mas raramente para se reconciliarem com Deus.

E Padre Pio surpreendia a todos, quando só conseguiam ser atendidos através da Confissão, isto é, do Sacramento da Reconciliação.

Fazia-os compreender a importância da reconciliação com o Senhor, como também a necessidade de se colocarem e de viverem na graça de Deus, para conseguir as graças desejadas.

Os grandes troféus de Padre Pio, ele os recebia no Confessionário...

Pelos idos de 1939, chegou a San Giovanni Rotondo, para procurar Padre Pio, nada menos do que Carlo Campanini, grande ator cômico, do cinema e do teatro italiano. Estava acompanhado de alguns amigos.

Quando o bondoso Frei Gerardo da Deliceto foi atender à porta, Campanini e seus amigos disseram que desejavam falar com Padre Pio.

"Ele se encontra no Coro da Igreja" – disse-lhes Frei Gerardo. –" Esperem no corredor."

No entanto, quando avistaram Padre Pio, Campanini foi o primeiro a cair de joelhos.

E confessaram-se.

Depois de receber a absolvição de Padre Pio, Carlo Campanini teve uma crise de choro.

E daquele dia em diante, voltou várias vezes a San Giovanni, para se confessar com o Padre e para participar de sua Missa.

Certa vez, perguntou ao Padre Pio como poderia se tornar seu "filho espiritual", se todas as noites seu trabalho lhe impunha ir para o palco e fazer palhaçadas, já que era um ator cômico.

"Meu filho" – respondeu-lhe Padre Pio – *"cada um de nós deve fazer, da melhor maneira que puder, o papel que Deus nos confiou, no lugar onde Ele nos colocou!"*

Todos os dias, antes de iniciar a sua jornada de trabalho, Carlo Campanini assistia à Missa, rezava um Rosário e nunca recusava os convites que lhe faziam os Grupos de Oração para que lhes falasse de suas experiências com Padre Pio.

Sua maior felicidade era quando conseguia levar seus colegas de trabalho até o Padre.

Quando estava em cena, representando, procurava transmitir alegria e tranquilidade ao público.

"Devo dar bom exemplo aos outros, para reparar os maus exemplos que dei, no princípio de minha carreira" – dizia ele.

Certa vez Padre Pio fez uma "visita" a Campanini, em bilocação, aparecendo-lhe em sua residência de Roma. E esta visita foi mais tarde confirmada pelo próprio Padre Pio.

Carlo Campanini faleceu no dia 20 de novembro de 1984, deixando determinado, em seu testamento, que queria ser enterrado no cemitério de San Giovanni Rotondo, para ficar o mais próximo possível de Padre Pio, mesmo depois de morto.

Sua vontade foi atendida.

Quanto mais percorremos o Epistolário de Padre Pio, quanto mais lemos e relemos suas cartas, tão simples e ao mesmo tempo tão ricas de ensinamentos, chegamos à conclusão do que nos parece definitivo: suas cartas constituem o importante, o único caminho para conhecermos, compreendermos e delinearmos o seu perfil espiritual.

E a nossa perplexidade é ainda maior, ao constatarmos sua prática heroica das virtudes, sua corajosa humildade, em relação à sua proximidade e intimidade com Deus; em relação também à multiplicidade de seus dons e de seus carismas, em relação a sua aceitação do sofrimento unido a Cristo.

Já dissemos e repetiremos sempre: Jesus Cristo pregado na Cruz e Padre Pio pregado em Jesus.

Ao tentarmos escrever sobre Padre Pio, nosso intento é muito mais o de colocar em relevo a sua espiritualidade, a sua escola espiritual, do que propriamente o de enumerar milagres e prodígios, uma decorrência de sua ascese.

O poder de sua intercessão junto a Deus – na medida em que Padre Pio aceitou o sofrimento como "*sofrimento consentido*", em reparação ao pecado "*prazer proibido*" – em união ao sofrimento redentor de Cristo.

Jesus Cristo, na Eternidade, não está sujeito à dimensão "tempo", e, em seu Presente Eterno, ainda está nos salvando, ainda está nos redimindo.

Ao assumir os pecados do mundo de todos os tempos a que nós denominamos Passado e Futuro, a Redenção do gênero humano por Jesus Cristo "é", ou melhor, "está sendo" para os pecados de todos que existiam antes de Cristo e existem e existirão depois de Cristo.

Estão pesando na Agonia de Jesus, em seu Suor de Sangue, no Horto das Oliveiras, na Flagelação, na Coroação de Espinhos, na subida do Calvário, carregando a Cruz; na sua Crucifixão, entre dois ladrões.

Padre Pio, como muitos outros santos, ofereceu-se a Deus ainda em plena infância, para colaborar "no mistério do Cristo". Seu sofrimento foi aceito por Deus.

E poder-se-ia dizer que Padre Pio sofreu e foi "crucificado" com Jesus, tendo seu corpo marcado por seus estigmas, pelos açoites, pela coroa de espinhos e pelos cravos que lhe traspassaram os pés e as mãos, durante 50 anos.

São Francisco de Assis, embora nunca tivesse sido ordenado sacerdote, por não se julgar digno, foi o fundador da Ordem dos Franciscanos e, três anos antes de morrer, pediu a Jesus que lhe desse as chagas, no que foi atendido. Alguns meses antes de morrer, as chagas desapareceram.

Padre Pio não pediu as chagas; recebeu-as de Jesus, além de todos os sofrimentos da Paixão que se intensificavam de quinta-feira a sábado, sobretudo na Semana Santa.

Suas mãos, depois de devidamente fotografadas, foram recobertas pelas mitenes de cor marrom, que ele sempre usava. Seus pés, também depois de fotografados, recobertos por meias.

Padre Pio era extremamente devoto de São Francisco de Assis, a quem chamava de "nosso pai São Francisco" e tudo nos leva a crer que Padre Pio tivesse tido algumas visões de São Francisco, pois, quando um grande pintor foi, um dia, ao Convento de San Giovanni Rotondo, levando um quadro de São Francisco para presenteá-lo, o Padre contemplou atentamente a pintura, agradecendo o presente, e em seguida, com toda a delicadeza, sugeriu ao pintor algumas modificações nos traços fisionômicos do retratado, no que foi prontamente atendido.

Este quadro encontra-se até hoje no Convento de San

Giovanni e pode ser visto na saleta que precede o corredor que leva à cela de Padre Pio.

Todos nós queremos a verdade sobre Padre Pio. Sem reticências. Sem exageros.

– Padre Pio não precisa de exag*eros* – costumava dizer Frei Dominic Meyer, Capuchinho norte-americano que foi seu secretário durante sete anos.

– A verdade sobre Padre Pio já é suficientemente fantástica!

Será que podemos, realmente, compreender Padre Pio?

Tantos livros, tantos testemunhos, tantas histórias, tantos casos. Tudo isso seria apenas a ponta de um "iceberg"...

A essência profunda de Padre Pio não está nisso.

Agraciado por extraordinários dons místicos que não só lhe enriqueciam a alma como também estreitavam sua união com o Redentor, Padre Pio parecia ter sido "equipado" por Deus, para dar início à sua vida pública e para cumprir com sua missão de levar as almas para Deus.

Suas múltiplas perfeições bem refletiam a perfeição infinita do Criador.

A luz, que sua trajetória projetou e até hoje projeta sobre o mundo, é verdadeiramente inextinguível.

E Padre Pio continua a ser um mistério.

– *Sou um mistério para mim mesmo* – dizia ele.

Ser-nos-ia possível fazer uma lista dos dons e dos carismas de Padre Pio?!

Impossível, pois impossível seria a qualquer mortal ter acesso à parte mais íntima da alma de Padre Pio ou mesmo aos recônditos de seu espírito, onde Deus depositaria seus dons.

Sua união com Cristo era de tal profundidade, que não estaria ao nosso alcance todos os favores divinos concedidos a ele. Não nos seria dado penetrar em tal vida em Deus, pois já seria, talvez, penetrar no próprio Cristo.

E certamente São Paulo, diante das culminâncias da vida de Padre Pio unido a Jesus, lhe emprestaria suas palavras:

"Fui crucificado junto com Cristo. Já não sou eu que vivo, mas é Cristo que vive em mim." (Gal. 2/19, 20)

OS DONS E OS CARISMAS DE PADRE PIO

Numa tentativa de alinhar alguns dons de Padre Pio, citaríamos o dom da profecia, da perscrutação de corações, da clarividência, o dom de línguas, de cura, da bilocação, da levitação, da luminosidade, o perfume que emanava de suas chagas e anunciava a sua presença a qualquer distância.

O dom da bilocação não seria estranho à Igreja Católica, pois um de seus santos mais populares, Santo Antônio de Pádua, bem como São Francisco Xavier, São João Bosco e outros receberam de Deus carisma semelhante.

Quanto ao dom de línguas, não que Padre Pio "falasse em línguas", no sentido em que atualmente se usa na Renovação Carismática, mas era capaz de falar e escrever em qualquer língua, embora só admitisse saber falar e escrever em italiano, sua própria língua.

Com relação ao carisma do perfume, as chagas de Padre Pio exalavam perfume, bem como sua própria pessoa.

Entretanto, não eram aromas de perfumes industrializados, não se assemelhando a eles e impossíveis de serem confundidos com outras fragrâncias como as de sabonetes ou quaisquer outros produtos para aromatização de ambientes.

Doutor Festa, um dos médicos de Padre Pio, depois de acurados exames e de exaustivas pesquisas, deu a seguinte declaração:

"O fenômeno (do perfume das chagas de Padre Pio) é contrário a toda e qualquer lei natural e científica. Vai além da possibilidade de qualquer discussão lógica.

No entanto, por uma questão de honestidade, não podemos negar a realidade de sua existência."

Sabemos que o odor é transmitido ao nosso olfato através das partículas infinitesimais desprendidas de sua origem que chegam às nossas narinas.

Os perfumes, que se desprendiam de suas chagas ou mesmo à distância, como sinal de sua presença, eram sempre agradáveis: aroma de rosa, de jasmim, de violeta, de lavanda, de cânfora, de hortelã, de incenso, para só citar os mais comuns.

Não era privilégio de seus "filhos espirituais" ou de católicos fervorosos sentir o perfume de Padre Pio. Muito pelo contrário, na maioria das vezes quem os sentia era justamente quem estivesse precisando de uma advertência, de uma mudança de vida, de uma completa conversão ou de um aprofundamento na fé.

Mesmo após a morte de Padre Pio, o fenômeno continua a acontecer, a qualquer tempo, em qualquer lugar, para qualquer pessoa.

E quando perguntavam diretamente ao Padre se haveria um significado para cada perfume, invariavelmente ele respondia:

– *É a minha presença.*

Mesmo tendo conhecimento destas palavras de Padre Pio, as pessoas que sentiam e sentem o seu perfume sabiam e sabem sempre o seu significado.

Muitas vezes a pessoa se encontra em local isolado ou em circunstâncias tais, que seria humanamente impossível sentir qualquer perfume.

De outras vezes, no caso de um grupo reunido, é comum o perfume se fazer sentir apenas por uma ou duas pessoas do grupo, ou por quase todas, menos por uma ou duas. Esses detalhes comprovam a origem sobrenatural ou desconhecida do fenômeno.

Há casos em que a pessoa é desprovida de olfato, como no caso de Doutor Festa, que sentiu, por diversas vezes, o perfume das chagas de Padre Pio.

Quando examinou Padre Pio pela primeira vez, Doutor Festa sentiu o perfume que suas chagas exalavam. Ficou realmente perplexo, pois não só era privado do olfato, como também, por sua vasta experiência médica, sabia que uma ferida vertendo sangue nunca poderia exalar perfume agradável.

Diante dessas perplexidades, Doutor Festa resolveu levar consigo um lenço que havia estado em contato com as chagas de Padre Pio, ainda úmido de sangue, para exames mais detalhados.

Acondicionou o lenço numa pequena caixa, guardando-a em seu carro.

Durante a viagem de San Giovanni para Roma, continuou a sentir o perfume e as pessoas que estavam no carro elogiaram o agradável aroma, julgando tratar-se de perfume ambiental. Doutor Festa nada disse.

Chegando ao seu consultório, em Roma, colocou a caixa na gaveta de sua mesa.

E cada cliente que chegava elogiava a suave fragrância que julgava, novamente, tratar-se de perfume industrializado para aromatizar o ambiente.

Seu carisma de perscrutação de corações facultava-lhe "ver" através das pessoas. Além de ser um profundo conhecedor da alma humana, de suas fraquezas e de suas grandezas, seu olhar penetrante parecia atravessar as criaturas, localizando qualquer "esconderijo" onde pudessem ocultar seus pecados.

As pessoas eram-lhe transparentes.

Mas este carisma de Padre Pio só lhe servia para o seu próximo e nunca para si mesmo.

Sua própria alma era-lhe imperscrutável.

No Confessionário, ao ministrar o Sacramento da Reconciliação, Padre Pio mostrava-se objetivo, conciso, severo, mas compadecido do pecador. A cada falta que o penitente acusava, a expressão de Padre Pio era de profundo pesar.

Não seria nunca a gravidade do pecado que faria com que Padre Pio se aborrecesse com o pecador.

Cada pessoa que se confessava com sinceridade humilde, demonstrando verdadeiro arrependimento, retidão de intenções e bons propósitos, tinha a impressão de ser a única pessoa no mundo a usufruir da compreensão e da bondade de Padre Pio.

E quando a pessoa expunha seu problema, depois de reconciliar-se com Deus, o problema parecia também o único do mundo para o Padre resolver.

Procurava solucionar as dificuldades de cada um com sua inteligência brilhante e rápida, com grande espírito de humanidade.

Na realidade, o que fazia Padre Pio mostrar-se enérgico e, às vezes, áspero eram o fingimento, a falsidade, a esperteza maldosa, o intuito de enganar que certos penitentes demonstravam.

Não podemos omitir que, no Confessionário, Padre Pio estava no lugar de Jesus e por vezes lembrava Jesus e os vendilhões do Templo, tal sua *"ira sagrada"* contra a mentira e a falta de humildade.

Padre Pio ouvia cada penitente com a máxima atenção, ajudava-o na enumeração de seus pecados a que preferia chamar de *"faltas"* ou de *"erros"*.

Considerava que o pecado, isto é, a ofensa grave a Deus, cometido com pleno consentimento da vontade e pleno conhecimento da matéria, era muito raro.

Fazia compreender ao penitente a importância de verbalizar suas faltas, a fim de se exercitar na humildade e ter méritos diante de Deus.

Ao final da Confissão, absolvendo e reconduzindo as almas ao rebanho do Bom Pastor, o perdão divino caía como chuva benfazeja através da sua voz emocionada, através de seu gesto impregnado de Deus.

Era em tais momentos que Padre Pio desvendava a imensidão do Amor de Deus por suas criaturas.

E nunca saberemos se a mão chagada, que se erguia para absolver os pecadores e devolver-lhes a paz, era a mão de Padre Pio ou a mão de Jesus.

Seriam, com certeza, as duas mãos juntas, a de Jesus e a de Padre Pio, unidas pelos mesmos estigmas, pelo mesmo sofrimento redentor.

FAMOSO – SOFREDOR – PERSEGUIDO – VITORIOSO

Com o passar do tempo, Padre Pio tornava-se mais e mais conhecido. A luz de Cristo, em sua alma, resplandecia através de seus dons e de seus carismas, generosamente empregados para salvar almas e minorar os sofrimentos da humanidade.

O impossível para as criaturas tornava-se o possível de Deus.

O humilde sacerdote estigmatizado começava a atrair as atenções do mundo católico para a pequenina cidade de San Giovanni Rotondo, onde viveu durante 50 anos.

Os ateus, os materialistas, os curiosos e os pertencentes a outras religiões sentiam-se fortemente atraídos pelo Sacerdote Estigmatizado, inconscientemente atraídos pela forte presença de Deus em Padre Pio.

Chegavam a San Giovanni, procuravam avistar-se com o Padre, ver seus estigmas, mas acabavam caindo de joelhos a seus pés, confessando-lhe seus pecados e recebendo não só a absolvição de suas faltas como também a paz perdida nos descaminhos da vida. Não poderiam supor que aquelas mãos estigmatizadas que lhes causavam tanta perplexidade, que se erguiam sobre eles para perdoá-los e abençoá-los, verteriam ainda mais sangue, pelo peso dos pecados ali deixados e reparados na Cruz, com Jesus.

Padre Pio costumava dizer que suas chagas eram seus "anzóis", pois as pessoas se aproximavam dele para tentar vê-las e acabavam por se converter justamente à vista de seus estigmas.

As peregrinações sucediam-se e a primitiva igrejinha do Convento mal continha o número incontável de fiéis que buscavam aquele Homem de Deus.

O mesmo Padre Pio que até hoje continua sua missão de atrair e levar todos para Deus, ajudando a humanidade a atravessar as portas estreitas da vida, conduzindo as almas a Jesus, por Maria, estendendo a todos a sua mão chagada, a mão de Padre Pio ou a mão de Jesus, ninguém sabia...

Os estigmas de Padre Pio confundiam os médicos. Eram feridas reais, porém simbólicas.

E, ao mesmo tempo, Padre Pio demonstrava uma cicatrização rápida e perfeita: quando operado de hérnia e, dois anos mais tarde, de um quisto no pescoço, as duas operações cicatrizaram normalmente.

No entanto, suas chagas continuavam abertas.

A operação de hérnia, realizada em outubro de 1925, por Doutor Festa, foi feita no próprio Convento de San Giovanni.

Ainda não existia o grande hospital "Casa Alívio do Sofrimento", idealizado por Padre Pio e construído em San Giovanni Rotondo exclusivamente com donativos dos devotos e amigos do Padre.

Para a realização da operação, um dos cômodos do Convento foi devidamente preparado e transformado em sala de operação. Os instrumentos cirúrgicos foram trazidos de Roma e o médico, Doutor Ângelo Merla, veio especialmente a San Giovanni para ajudar na operação. Padre Fortunato, que, durante a guerra, servira no setor médico, também ajudaria.

Estava tudo a postos para a operação, exceto o paciente. Padre Pio passara a manhã em grande atividade, ouvindo os fiéis em Confissão, celebrando uma Missa Solene de Réquiem e ministrando uma bênção do Santíssimo Sacramento.

Finalmente Padre Pio apareceu, já por volta do meio-dia e declarou enfaticamente não querer tomar anestesia para a operação. Estava implícito seu sacrifício salvífico em união com Cristo na Cruz, mesmo que ele não o mencionasse.

A muito custo Doutor Festa conseguiu que ele tomasse um gole de vinho Beneditino, a título de relaxante.

Mas, quando insistiu para que ele tomasse um segundo gole, Padre Pio protestou, pilheriando:

– *Não podemos arriscar um desentendimento interno entre um Beneditino e um Capuchinho!*

A operação levou perto de duas horas e Padre Pio não soltou um ai. Até falou, durante a operação, quando os médicos reclamaram de uma possível mosca na sala e Padre Pio disse:

– *É apenas um mosquito que já está pousado no alto da soleira da porta.*

Entretanto houve um momento em que Doutor Festa viu lágrimas nos olhos de Padre Pio, enquanto ele sussurrava: – *Jesus, perdoai-me, se não estiver sabendo sofrer como deveria!*

E ao final da intervenção, quando foi levado para sua cela, desmaiou de dor.

Durante a operação, Doutor Festa examinara a chaga do peito, encontrando-a com as mesmas características de cinco anos antes, quando fora chamado para examiná-lo pela primeira vez.

Quatro dias depois da operação, Doutor Festa removeu o curativo e o talho estava perfeitamente cicatrizado. Retirou também alguns pontos, deixando os restantes para dois dias depois.

E Padre Pio logo retomou suas atividades, com mais vigor, maior disposição do que antes.

Mas suas chagas continuavam na mesma.

Dois anos mais tarde, Doutor Festa voltou a operar Padre Pio, desta vez retirando-lhe um quisto no pescoço, também sem anestesia.

E no dia seguinte, Padre Pio já assumia suas obrigações e seus encargos sacerdotais.

Decorridos cinco ou seis dias, Doutor Festa retirava-lhe os pontos e verificava que a cicatrização estava perfeita, como acontecera com a operação de hérnia.

E em seu laudo médico sobre a rápida cicatrização das duas operações de Padre Pio, Doutor Festa não conseguiu se furtar a uma comparação: as chagas das mãos, dos pés e do lado de Padre Pio continuavam sangrando.

Levariam 50 anos para cicatrizar...

E Padre Pio continuava vivendo e sangrando, sangrando e sofrendo na Cruz, com Jesus.

Quando os amigos lhe perguntavam: "Como vai, Padre Pio?"

Ele frequentemente respondia: *"Na Cruz!... Ainda bem que para ficar na Cruz, é preciso ficar de pé..."*

As notícias do Sacerdote Estigmatizado se espalhavam por toda a Itália. Curas físicas e espirituais, estrepitosas conversões de ateus e de maçons, fenômenos de bilocação, de perfume sobrenatural que emanava da pessoa de Padre Pio, como também do sangue de suas chagas, sua clarividência, seu dom de perscrutação de corações... Tudo isso exercia profunda e irresistível atração sobre as criaturas, religiosas ou incrédulas, levando multidões à pequena cidade de San Giovanni Rotondo, levando multidões ao Sacramento da Reconciliação, pois Padre

Pio só recebia e atendia as pessoas através da Confissão. Quem quisesse lhe confiar seus problemas, pedir sua intercessão para curas físicas e espirituais, teria primeiro que se reconciliar com Deus, que era o primeiro passo de seu apostolado e o início de sua evangelização.

Quem não teria um problema insolúvel para Padre Pio resolver?! Quem não estaria dependendo de uma orientação de Padre Pio, para tomar um outro rumo na vida?! Quem não teria um doente incurável para Padre Pio curar?!

– *Eu não curo ninguém!* – exclamava invariavelmente.
– *Quem cura é Deus! Vão para a Igreja agradecer a Ele!*

Mas, como sempre acontece com os que se destacam dentre o comum dos homens, quer por suas qualidades intelectuais, quer pelos seus dons e carismas espirituais, o fato é que o joio da inveja começava logo a brotar e a crescer junto com o trigo.

Os santos incomodam, perturbam e 'desinstalam' os que não conseguem ser santos.

Padre Pio era cada vez mais assediado e mais amado pelo povo de San Giovanni Rotondo, que já o considerava como "cosa nostra", como conterrâneo honorário, pai dedicado de seus "filhos espirituais", socorro e auxílio dos sofredores, modelo de santidade de seus devotos, irmão de seus irmãos na caridade em Cristo.

No entanto, a elite intelectual e as autoridades eclesiásticas permaneciam na expectativa de uma definição oficial do Vaticano.

Isto nos lembra as palavras de Jesus, no Evangelho de São Mateus:

"Eu te louvo, ó Pai, Senhor do céu e da terra, porque ocultaste estas coisas aos sábios e doutores e as revelaste aos pequeninos."
(Mateus 11/25)

Os Frades Capuchinhos de San Giovanni Rotondo, bem como seus Superiores, procuravam guardar discrição e silêncio em torno da figura de Padre Pio.

Por outro lado, era-lhes por demais inusitada a convivência com aquele confrade muito especialmente agraciado por Deus.

E a discrição pode ser diabolicamente arranhada por indagações intempestivas e perguntas capciosas.

Perguntas capciosas provocam informações inexatas. Informações inexatas provocam mal entendidos que geram atitudes impulsivas e medidas injustas.

O fato é que Padre Pio estava no início de seus 50 anos de vida pública e era o primeiro Sacerdote Estigmatizado de toda a história da Igreja.

São Francisco também recebera os estigmas, mas não era sacerdote. Era fundador de Ordem, da Ordem dos Franciscanos, mas nunca se achou digno de ser ordenado padre.

E o Vaticano recebeu com reservas as primeiras informações sobre os estigmas e os carismas de Padre Pio.

O fluxo de peregrinos a San Giovanni crescia na medida em que se espalhava a notícia do Sacerdote estigmatizado.

Diante disso, o Santo Ofício impôs a primeira restrição a Padre Pio: sua Missa diária não deveria mais ser sempre à mesma hora. A cada dia seria em horário diferente, de preferência de manhã e bem cedo, em caráter privado. O acúmulo de gente poderia ser prejudicial às investigações e à análise dos fatos.

O passo seguinte foi a proposta do Santo Ofício de transferir Padre Pio para outra cidade, alegando que assim seria mais fácil ao Sacerdote Estigmatizado se manter recluso, sem convivência com os fiéis, até os fenômenos serem devidamente estudados e definidos pelas autoridades eclesiásticas.

Quando esta notícia chegou aos ouvidos do povo de San Giovanni, seus habitantes elaboraram um abaixo-assinado, dirigido ao então prefeito da cidade, Francesco Morcaldi, "filho espiritual" de Padre Pio e seu incondicional amigo, exigindo-lhe a garantia da permanência de Padre Pio em San Giovanni. E, se necessário fosse, recorreriam a recursos extremos para mantê-lo na cidade.

Não abririam mão de quem só praticava o bem, só difundia a fé cristã, despertando o fervor da religiosidade do povo de San Giovanni Rotondo.

Quando o Superior do Convento comunicou a Padre Pio sua possível transferência de San Giovanni, o Padre não hesitou em responder:

– *Vamos arrumar as malas e partir imediatamente!*

Ao que o Superior respondeu-lhe, emocionado com a humildade e com a obediência do Padre:

– São 11 horas da noite, Padre Pio, e não há urgência em partir, pois nem sabemos ainda para onde seria sua transferência.

O Santo Ofício insistia na transferência do Padre e a notícia voltou a inflamar os habitantes de San Giovanni que desta vez resolveram montar guarda à porta do Convento, armados de enxadas, foices e velhos bacamartes que lhes haviam sobrado da guerra.

O povo estava firmemente decidido a manter Padre Pio em San Giovanni, "vivo ou morto".

Padre Pio era "deles".

E para tanto, quantas vezes teriam ouvido do próprio Padre Pio a afetuosa afirmação de sua amizade:

"Sou todo de cada um e cada um pode dizer: Padre Pio é meu!"

Ao tomar conhecimento da rebelião popular, as autoridades eclesiásticas usaram de um argumento improcedente: se retirassem a 'causa', a rebelião terminaria. Mas, na realidade, Padre Pio não era a causa da revolta popular. A verdadeira causa era justamente a possível transferência de Padre Pio.

Neste período conturbado de sua vida, o Padre se mantinha tranquilo, dividindo o seu tempo de reclusão entre orações, meditação, leitura e adoração ao Santíssimo. Sua atitude submissa, sem protestos, sem reclamações, sem revoltas, até hoje impressiona a todos que se debruçam sobre sua história. Era, sem dúvida, uma obediência virtuosa e heroica. E a prática das virtudes, em grau de heroísmo, é para os grandes santos.

Seguiram-se alguns anos de altos e baixos, de ordens e contra-ordens, de afirmações e desmentidos, de acusações falsas, de calúnias e sobretudo de grandes sofrimentos morais para Padre Pio, assim como para seus devotos e "filhos espirituais", privados de seu convívio, de seus ensinamentos e de suas consolações.

Finalmente, diante de uma declaração impensada do então Arcebispo da Manfredônia, Dom Pasquale Gagliardi, afirmando estar Padre Pio "possesso do demônio" e acusando seus confrades, do Convento de San Giovanni, de "trapaceiros", o Santo Ofício se manifestou, em pronunciamento oficial sobre os estigmas de Padre Pio, declarando que a fenomenologia atribuída ao Padre não deveria ser considerada sobrenatural e que esperava que o comportamento dos fiéis fosse condigno com esta declaração.

Depois disso, novas e ainda mais severas restrições foram impostas a Padre Pio.

Seu Diretor Espiritual, Padre Benedetto de San Marco in Lamis, foi destituído de sua função e afastado de Padre Pio que, por sua vez, foi proibido de se comunicar com seu antigo Diretor, mesmo por correspondência.

Ficaram suspensas suas bênçãos. Não deveria ministrar Confissões, prestar atendimento aos seus devotos ou manter qualquer tipo de comunicação com os fiéis. Deveria celebrar a Missa na Capela interna do Convento, assistido apenas por um sacristão.

Deveria abster-se de todo e qualquer contacto com seus "filhos espirituais", mesmo através de cartas ou por intermediação de outras pessoas.

E o Padre ficava também proibido de mostrar seus estigmas ou deixar que fossem beijados.

Quanto mais restrições eram-lhe impostas, sem que conseguissem provar coisa alguma a respeito das calúnias contra ele levantadas, mais numerosos eram os peregrinos que chegavam a San Giovanni, maior a revolta do povo que repudiava abertamente as injustiças cometidas contra o Padre.

O prefeito da cidade, Francesco Morcaldi, declarou-se ao lado do povo, no sentido de impedir a transferência de Padre Pio.

A obediência incondicional de Padre Pio aos ditames da Igreja, sem clamar por justiça ou reclamar das injustiças, agigantava a sua figura impoluta de verdadeiro Homem de Deus.

E como todos nós temos necessidade de Homens de Deus, nada detinha a onda sempre crescente de seus devotos, que agora já vinham de toda a parte do mundo.

Mesmo sem poder ver ou falar com o Padre, bastava-lhes saber que estavam sob o mesmo teto.

Bastava-lhes sentir a presença de Padre Pio através de seu perfume, de suas aparições em bilocação, já que as autoridades eclesiásticas não poderiam interferir na ação de Deus sobre os dons e carismas concedidos ao Padre pelo próprio Deus.

Como seria também impossível cicatrizar os estigmas de Cristo em Padre Pio, ou extinguir aqueles sinais impressos em seu corpo pelo próprio Cristo.

E impossível seria, ainda, fazer calar aquele Sacerdote Estigmatizado, cuja voz se erguia de San Giovanni Rotondo, não em discursos, protestos ou conclamações, mas através do maior de seus milagres, que era ele próprio, vitorioso na sua santidade, no seu amor sem medidas por Jesus, na sua inabalável fidelidade e confiança no Senhor.

Era Deus presente, o tempo todo, em Padre Pio.

Era a chama ardente do Coração de Jesus, incendiando o coração de Padre Pio, para que ele pudesse aquecer a esperança dos desesperados, iluminando o despertar dos convertidos e o fervor de seus devotos.

De 1919 a 1933, foram os "anos terríveis" na vida de Padre Pio, vítima de suspeitas e dúvidas quanto à origem de suas chagas, vítima de laudos médicos mal interpretados, vítima de acusações falsas, de deboches, de zombarias e, por fim, segregado em seu próprio Convento.

Era a morte em vida.

Ou seria a vida na morte, vida de Padre Pio na Paixão e morte de Cristo.

Foram vários anos de tentativas infrutíferas de amordaçar a voz de Deus em Padre Pio e de apagar as marcas da Paixão de Cristo de seu corpo.

Todavia, talvez tenham sido os anos mais importantes para a evolução espiritual do Padre e os mais fecundos e abundantes em frutos de evangelização para seus fiéis. Ensinava a todos nós uma das lições mais difíceis, um dos degraus mais íngremes a subir: aceitar tudo, em união com Cristo, na Cruz: "*... completo na minha carne o que falta das tribulações de Cristo, pelo seu corpo que é a Igreja."(Col. 1/14)*

Não temer o adversário: "*...em nada vos deixeis atemorizar pelo vosso adversário, o que para eles é sinal de ruína, mas, para vós, de salvação, e isso da parte de Deus."(Fil. 1/28)*

Agradecer tudo, como riquezas acumuladas na Eternidade: *"Por tudo dai graças, pois esta é a vontade de Deus a vosso respeito, em Cristo Jesus."(*Tess.5/18)

Oferecer tudo, como reparação, como purificação e como santificação. E santificando.

Mas, afinal, de que acusavam Padre Pio?!

De reconduzir milhares de pessoas a Deus, através do Sacramento da Reconciliação ?!

De obter as graças de Deus para as criaturas, através de sua poderosa intercessão, na medida de seu sofrimento unido a Cristo na Cruz?!

De utilizar generosamente seus dons e seus carismas para mitigar o sofrimento humano?!

Caluniado por suas incontáveis conversões?!

Condenado à segregação, à solidão e à incomunicabilidade pelo carisma do perfume de suas virtudes, que anunciava a sua presença?!

Perseguido e afastado dos seus, por causa de seus milagres com "sabor" de Evangelho, curando, expulsando demônios, perdoando pecados, ressuscitando doentes, transfigurando-se, vencendo as distâncias com seu dom de ubiquidade, para acudir a seus "filhos espirituais"?!

Aprisionado e julgado injustamente, sofrendo na própria carne a flagelação e os estigmas de Cristo, durante 50 anos?! Eram estes os seus crimes?!

Ou seria a sua participação na Paixão de Jesus, com seus estigmas vertendo sangue pela salvação dos seus algozes, dos seus caluniadores, dos seus traidores, dos seus "Pilatos" e dos seus "Caifás"?!

É o Apóstolo João quem, no Prólogo de seu Evangelho, nos conforta, quando cita um outro homem, São João Batista, também enviado por Deus, como Padre Pio, para refletir a Sua luz:

"... Houve um homem enviado por Deus.
... Este veio como testemunha,
para dar testemunho da luz,
a fim de que todos cressem por meio dele.
Ele não era a luz,
mas veio para dar testemunho da luz."(Jo.1/5,8)

E o Apóstolo João continua, ainda no Prólogo de seu Evangelho, nos falando de Jesus e nos fazendo lembrar de Padre Pio:

"Veio para o que era seu
e os seus não o receberam."(Jo.1/ 11)

Em 1933, foram enviadas autoridades eclesiásticas a San Giovanni Rotondo, a fim de se avistarem com Padre Pio. Conversaram longamente com ele e novos informes chegaram ao Vaticano.

A humildade, o espírito de obediência e de submissão do Padre muito impressionaram os prelados que o visitaram e que levaram a melhor das impressões sobre o Sacerdote Estigmatizado.

E o Papa Pio XI, inteirado dessas e de outras informações fidedignas, declarou que nunca tivera "má vontade para com Padre Pio" e que nunca estivera "contra" ele, mas, sim, que havia sido "mal informado" a respeito do Sacerdote Estigmatizado. E deu ordens ao Santo Ofício para inverter as proibições.

Dias depois, diante de toda a comunidade reunida, o Padre Provincial anunciava a boa-nova: Padre Pio poderia voltar a celebrar a Santa Missa em público, na Igreja do Convento.

Ao ouvir a notícia, o Padre levantou-se imediatamente e ajoelhou-se aos pés do Padre Provincial, beijando-lhe as mãos e pedindo-lhe que transmitisse seus agradecimentos ao Santo Padre, pela bondade paterna demonstrada.

A notícia logo se espalhou por toda a parte. E de toda a parte chegavam telegramas e cartões de felicitações.

Considerando a aparição dos estigmas permanentes como o início das perseguições a Padre Pio, foram quatorze anos de intensos sofrimentos.

"*Em seguida, quatorze anos mais tarde, subi novamente a Jerusalém...*"(Gal. 2/1)

E na verdade, quatorze anos mais tarde, Padre Pio subia novamente a sua Jerusalém, isto é, os degraus do altar de sua Igreja, para celebrar a Missa da Festa de Nossa Senhora do Carmo, a 16 de julho de 1933.

A Igreja transbordava de gente. Devotos e "filhos espirituais", emocionados e ansiosos, não viam a hora de rever o amado Padre.

Pela fresta da porta da Sacristia, já se vislumbrava o vulto inconfundível de Padre Pio, paramentado para celebrar a Missa, recolhido em suas orações preparatórias para a celebração.

E quando finalmente a porta se abriu e Padre Pio adentrou a Igreja, com seus passos ligeiramente trêmulos, seus cabelos mais grisalhos, seu rosto mais vincado, ele parecia ter envelhecido, de tanto sofrer.

Os sinos repicavam alegremente. Durante a Missa, ouviam-se os soluços abafados dos fiéis, enquanto as lágrimas de Padre Pio escorriam livremente pelo seu rosto emocionado.

Segundo um depoimento de sua filha espiritual Cleonice Morcaldi, filha do prefeito da cidade, no momento da Comunhão, o Padre dizia baixinho aos que se aproximavam, chorando, da mesa da comunhão:

– *Não chorem mais! Agradeçam ao Senhor!*

Ao final da Missa, por determinação do próprio Pontífice, Padre Pio teve o privilégio de conferir a Bênção Papal a todos os presentes, um privilégio com sabor de reparação.

Mas só no ano seguinte Padre Pio receberia permissão para ministrar o Sacramento da Reconciliação e exercer todas as suas funções sacerdotais.

San Giovanni Rotondo refletia para o mundo inteiro a luz de Deus através de Padre Pio. As multidões se multiplicavam em torno do Sacerdote Estigmatizado que convertia o mundo, que curava o mundo, que santificava o mundo.

As cartas para Padre Pio, oriundas das mais diversas e distantes nações da terra, eram-lhe apresentadas em grandes sacos.

Mas, Padre Pio não precisava abrir todos os envelopes para tomar conhecimento de seu conteúdo. Com seu dom de clarividência, "conhecia" o conteúdo de cada carta e não deixava ninguém sem resposta.

A princípio ainda respondia de próprio punho, mas à medida que se tornava difícil para ele segurar uma caneta e escrever, devido às chagas das mãos, ditava a resposta ao confrade que o secretariava e apenas assinava seu nome.

Quanto aos fiéis que iam até San Giovanni e queriam conversar com ele e lhe confiar seus problemas, tinham que pegar um número para se confessar, o que representava de dois a quatro dias de espera, ou mais, dependendo do acúmulo de peregrinos.

O Sacramento da Reconciliação não levava mais do que alguns minutos e só depois disso é que Padre Pio ouvia os problemas de cada um.

A exposição dos problemas deveria ser objetiva, rápida e concisa.

A inteligência brilhante de Padre Pio, sua perspicácia e rapidez de raciocínio permitiam-lhe respostas imediatas e um aconselhamento adequado a cada penitente. Além disso, havia uma parte de evangelização e de apostolado, deixando transparecer sua firmeza inabalável na fé cristã:

– *Na religião, não existe "mais ou menos"* – dizia Padre Pio. – *É "sim" ou "não"!*

Muitas vezes permanecia de 12 a 15 horas no Confessionário.

E ao fim do dia, sempre chegava à janela para abençoar os fiéis que se juntavam na praça da Igreja, à espera da bênção para seus doentes. Ao final, desejavam-lhe, em uníssono, uma boa-noite: "Buona notte, Padre Pio"!

E acenavam-lhe com lenços, ao que Padre Pio respondia, também acenando-lhes com seu lenço.

Durante anos, esta cena repetiu-se diariamente. A multidão, sempre crescente, se comprimia para receber a bênção do Padre Estigmatizado, porém mantendo relativo silêncio.

Após a chegada a San Giovanni Rotondo de uma família brasileira muito amiga nossa, a multidão já não era mais tão silenciosa, seguindo o exemplo do pai brasileiro que pedia a Padre Pio, em alto e bom som, na hora da bênção, a cura de dois de seus três filhos: "Padre Pio! Cura meus filhos!" E em pouco tempo os demais fiéis passaram a fazer o mesmo, gritando seus pedidos na hora da bênção.

O fervor e a piedade sóbria de Maria Lúcia e de Manoel Cunha Mello, a extrema simpatia do casal e a extraordinária dedicação aos filhos, isto seria mais que suficiente para que, em pouco tempo, os brasileiros fizessem amizade com os Frades do Convento, com os "filhos espirituais" de Padre Pio e com todos os demais devotos que se aproximavam deles, sempre com palavras de ânimo, demonstrações de solidariedade e... preciosas informações sobre o Sacerdote Estigmatizado, principalmente sobre seu temperamento e sua poderosa intercessão.

Mas, ouçamos o relato do próprio Manoel Cunha Mello, o extraordinário pai de família que não hesitou em se transferir, juntamente com os seus, para San Giovanni Rotondo, a fim de usufruírem de maior proximidade com o santo Padre Pio, em busca da cura de seus filhos.

RECORDAÇÕES DE UM FILHO ESPIRITUAL

"Ouvimos falar pela primeira vez em Padre Pio em 1959. Hoje, em 2002, continua tudo gravado no fundo de nosso coração.

O primeiro contato com Padre Pio foi em setembro de 1966. Estávamos morando em Florença. Fui sozinho a San Giovanni Rotondo, sentindo o amargor de uma derrota: meus filhos, Gustavo e João, foram considerados incuráveis e teriam que passar o resto da vida em cadeiras de rodas.

Fui atrás da graça material e é fácil escrever isso hoje, quando temos a certeza de que nossos filhos estão com Padre Pio.

Mas, voltemos ao primeiro encontro com o Padre. Depois de todos os protocolos e de alguma espera, estava finalmente com minha senha na mão: era a de número 55.

Naquele dia, a chamada começava do número 50 e fui encaminhado à velha Igrejinha, com mais 10 companheiros que seriam os "confessáveis" daquela manhã, se o Padre aguentasse.

Meu passado escolar marista e jesuíta determinava o grande valor que sempre dei à Confissão.

Dali a pouco, estaria diante de Padre Pio, o Estigmatizado.

Das Confissões feitas anteriormente, seria, sem dúvida, a mais importante, não só pela graça, como também pelo seu poder junto a Deus, que o Capuchinho inspirava.

Tive a maior emoção de minha vida. Chorei...

Na minha frente, confessava-se o homem portador da senha 54. O próximo seria eu.

De pé, enquanto aguardava ansiosamente pela minha vez, via Padre Pio a uns 5 metros de distância, sentado em uma cadeira,

com um genuflexório a sua frente, onde os penitentes se ajoelhavam para a Confissão.
Eram momentos angustiantes, já que aquele confessor tinha o dom de ler a nossa alma.
Pensei: antes agora do que no dia do "Juízo Particular".
Chegou a minha vez. Ajoelhei-me.
– Há quanto tempo não se confessa? – perguntou-me Padre Pio.
– Há dois anos – respondi.
– Sai, filho do demônio!
Fiquei desesperado. Tinha vindo para fazer um pedido e não pude falar coisa alguma, não pude nem me confessar.
Naquele momento, alguém se aproximou e me disse: "O remédio do Padre é forte... Vai, se confessa e volta outra vez."

Abril de 1967

Voltei a San Giovanni, com toda a minha família e o Padre Rudezindo, que me tinha confessado e preparado para o segundo encontro com Padre Pio.

Desta vez, graças às prerrogativas que tinham os sacerdotes, confessei-me no dia seguinte à minha chegada.

A mesma Igrejinha, o mesmo genuflexório, mas uma grande alegria me dominava. Desta vez, estava preparado para me confessar com Padre Pio.

Se fizermos a vontade de Jesus, seremos bem recebidos pelo Padre Pio.

Aproximei-me. Ajoelhei-me.

– Há quanto tempo não se confessa?

– Há uma semana

– Que é que você fez?

– Me distraí na oração.

– E então?...

– Recomecei a oração...

– *E o que mais?*
– *Nada.*
– *Está bem.*
– *Queria ser seu "filho espiritual".*
– *Sim. Mas, seja bom.*

Senti-me como uma nuvem branca num céu tremendamente azul. (18 de abril de 1967)

Em abril, depois de retornarmos à Florença, começou a se fortalecer em nós a ideia de morarmos por algum tempo em San Giovanni Rotondo.

Para isso, fomos agraciados com uma nova amizade, a amizade de Giuliana Monni.

Parecia nos ter sido enviada especialmente pela Providência Divina, para nos dar assistência.

Profunda conhecedora de tudo que se relacionasse com Padre Pio, San Giovanni Rotondo, "filhos espirituais", etc., Giuliana passou a fazer parte de nossa família que nessa época era constituída por minha esposa, Maria Lúcia, e meus filhos, Gustavo, Maria do Rosário e João. Tivemos mais duas filhas, nascidas posteriormente, a quem demos o nome de Maria Pia, em homenagem a Padre Pio, e Giuliana Maria, em homenagem à nossa amiga Giuliana.

Por sua indicação, alugamos o andar térreo de uma casa vizinha ao Convento dos Capuchinhos.

Em setembro de 1967, entramos na terra de nosso Santo.

Nunca poderíamos imaginar as graças espirituais que iríamos receber...

O despertador

A Santa Missa diária de Padre Pio era às cinco horas da manhã. Desde que chegamos nunca tínhamos faltado a nenhuma. Mas, depois de algum tempo, resolvemos descansar um dia, isto é, não ir à Missa naquela manhã. O despertador estava preparado para nos acordar às quatro e meia. Mas, conscientes do que queríamos, travamos o despertador.

No entanto, para surpresa nossa, o despertador tocou. Alguém poderia dizer que talvez tivéssemos esquecido de travá-lo. Voltei, então, a travá-lo, mas o despertador tocou pela segunda vez. Compreendemos tudo. Vestimo-nos rapidamente para a Missa e nunca mais perdemos a Missa de Padre Pio.

As pastilhas de menta

Por volta das dez horas da manhã, quando o nosso Santo terminava de atender às Confissões, dirigia-se para a sua cela. Mas, para ir para a cela, passava por um corredor em que ficavam os homens, formando duas alas, à espera de que ele passasse.

Era neste momento que poderíamos lhe entregar alguma carta, pedir orações ou oferecer-lhe algo.

Naquela época, existiam, na Itália, umas caixinhas de pastilhas de menta − "Confetti-Flormenta" − que o Padre apreciava. A sutileza estava em abrir a caixa e oferecer-lhe as pastilhas. Ao tentar pegar uma, ele tocava nas outras. E as que ficavam haviam sido tocadas pelo Estigmatizado. E todos guardavam as caixinhas.

Preciosas relíquias... preciosa recordação...

O coroinha

Nosso Padre, por humildade, usava sempre meias luvas, ou mitenes, que lhe escondiam as chagas das mãos. Em determinados momentos da Missa, era obrigado a dispensá-las. Um destes momentos era na hora do Lavabo, durante o Ofertório.

Todos os homens desejavam ajudar a Missa do Santo. Primeiramente, para obter maior aproximação com ele, além de outras inúmeras graças, entre as quais poder ver de perto as santas chagas, na hora do Lavabo. Só assim poderíamos avaliar o intenso sofrimento que lhe causavam aquelas benditas chagas...

Certo dia fui convidado para ajudar à Missa de Padre Pio e aceitei.

No entanto, na hora de lavar suas mãos, fiquei como que paralisado. Não conseguia virar a ânfora, a água não escorria e o Padre me dizendo: "Svelto!" (Rápido).

Acho que, naquele momento, eu estava em adoração às chagas de Jesus...

"Buona sera", Padre Pio!

Após a Santa Missa, Padre Pio confessava, sem descanso, os homens e depois as mulheres, demonstrando seu ilimitado amor pelo próximo e sua incansável dedicação para salvar almas.

Às quatro horas da tarde, do "mezzanino" da Igreja, rezava o Terço com os fiéis, retirando-se em seguida para sua cela.

A cela de Padre Pio ficava na lateral do Convento. Entre o prédio e a rua, havia um terreno vazio e murado, de uns cem metros.

Às seis horas da tarde, Padre Pio aparecia na janela, abanava seu lenço aos fiéis que permaneciam do outro lado do muro, aguardando sua aparição.

Os fiéis retribuíam o "boa-noite", acenando também seus lenços e recomendando-lhe, baixinho, seus familiares, seus doentes e suas intenções.

Tive, então, a ideia de gritar: "Padre, "guarisce i miei bambini!" ("Cura meus meninos!"). "Viva Gesù, Maria e Giuseppe!" (Viva Jesus, Maria e José!")...

Um dia, pedindo ajuda para levar meus filhos até a clausura, Petruccio, o amigo cego de Padre Pio, que estava sempre ao seu lado, ouvindo minha voz, disse: "Esse é aquele senhor que grita!".

A partir deste momento, na hora do "boa-noite", a gritaria era geral!

O perfume

A Igreja de la Madonna delle Grazie (Santa Maria das Graças) era mais ou menos do tamanho da Igreja de São Paulo Apóstolo, em Copacabana, no Rio de Janeiro. Havia um mosaico da Virgem Maria em um mural atrás do altar, dominando todo o amplo recinto. Esse era o mundo de Padre Pio. Quando entrávamos em "sua Casa", os acontecimentos se precipitavam e os movimentos espirituais nos deixavam atônitos. Os anjos estavam entre nós.

Penetrando por diversas vezes neste misterioso mundo espiritual, senti perfumes em lufadas fortíssimas, enquanto Maria Lúcia, ao meu lado, nada sentia e nada percebia.

De outras vezes era Maria Lúcia quem sentia e percebia tudo... Hoje creio que, naqueles momentos, o nosso Santo tinha sua atenção voltada para nós. E era extremamente consolador... Achávamos que o fenômeno do perfume era uma demonstração de que Padre Pio rezava por nós.

São Miguel

Padre Pio tinha uma devoção especial por São Miguel.

A 26 quilômetros de San Giovanni Rotondo, há uma cidade, onde está localizado um dos Santuários mais antigos e mais visitados do mundo, do sublime Arcanjo São Miguel. Trata-se do Monte Sant'Angelo.

Fizemos a novena do Arcanjo na própria gruta de sua Aparição, onde está a sua Igreja.

No dia 29 de setembro, comecei por confessar-me com Padre Pio, logo depois da Missa.

Naquele dia, tinha planejado ir a pé ao Santuário de São Miguel, pois comemorava-se o dia dos Arcanjos.

Saí de San Giovanni às sete horas da manhã, pretendendo chegar ao Monte Sant'Angelo para a Missa Oficial que seria às dez horas.

Padre Pio sempre dizia que o Terço era a arma do cristão e fui empunhando meu Terço. Enquanto rezava, o vento parecia me empurrar, me fazendo subir a montanha aos saltos de três a quatro metros de extensão. Quando eu parava de rezar, o vento cessava.

Finalmente, cheguei à Missa em cima da hora.

As asas são o símbolo mais representativo dos Anjos. O movimento das asas provoca lufadas de ar.

Daí... viva São Miguel!

O pedido

A intensa movimentação entre Brasil, Itália, Florença e Padre Pio era pela esperança que tínhamos de ver nossos filhos curados.

A nossa presença em San Giovanni representava para nós a máxima proximidade deste acontecimento.

A cura material havia sido pedida. Missão cumprida. A cura espiritual, que é o objetivo de nossa curta vida terrena, foi alcançada.

Em uma das confissões com o Santo Estigmatizado, fiz o pedido. Não havia mais o tormento da primeira Confissão com Padre Pio. Em meu coração, reinava profunda Fé no Sacerdote Estigmatizado, a esperança de que para Deus nada é impossível e a Caridade de desejar a saúde do próximo.

No genuflexório, depois de terminada minha Confissão, fiz o pedido: "Padre, pede a Jesus e a Maria a cura de meus filhos!".

E para grande surpresa minha, Padre Pio começou a me dizer que não estava compreendendo nada e me perguntava em que idioma eu lhe falava. Parecia estar resistindo em me responder.

Insisti várias vezes, ouvindo sempre a mesmas palavras do Padre.

Mudava a construção da frase, tentava dizer a mesma coisa, de forma diferente, até que afinal ele me entendeu e consegui ouvir o seu "Sim!".

Nossos filhos hoje estão no Céu. Deus seja louvado!

A Missa

Em setembro, San Giovanni ainda é quente. Outubro já refresca bastante e para nós, brasileiros, já faz frio. E de novembro em diante, é realmente muito frio.

A partir de outubro, sopra um vento que vem dos Bálcãs, um vento gelado, ao nascer do dia.

Mesmo assim, desde as duas horas da manhã, diariamente, os devotos de Padre Pio se reuniam à porta da Igreja e ficavam rezando, enquanto esperavam pela Santa Missa do Padre, que começava às cinco horas da manhã.

Quando as portas da Igreja se abriam, o povo corria, na esperança de ficar o mais próximo possível do Padre Querido. Era um vozerio geral, mas, de repente, ao soar da sineta, imediatamente o silêncio era completo.

E Padre Pio então aparecia na porta da Sacristia, velhinho, sempre amparado por dois confrades, o Irmão Bill, moço e forte, e o Padre Onorato, que o ajudava na Missa. E sua Missa, para privilégio nosso, era sempre dedicada à Imaculada Conceição.

Naquela época, o Frade Estigmatizado já não fazia homilias, já não ministrava mais a Comunhão, já não cantava mais. Puxava o lenço e frequentemente chorava. Era o próprio Cristo que se imolava no Calvário.

Tudo isso diante de nossos olhos, a poucos passos de nós!

Durante a Elevação, Padre Pio permanecia em êxtase, em adoração da Hóstia Consagrada, nunca menos de quinze minutos. Era o amor tecido pela sua humildade, seu sofrimento e sua doação total.

Quando a Missa chegava ao fim, saíamos já com saudade daqueles momentos especiais e inesquecíveis, daqueles momentos de pura graça...

"Padre Pio, continua a nos dar aqueles preciosos momentos de concentração, durante as nossas Santas Missas!

A Primeira Comunhão de Gustavo...

Ele era tão pequeno, tão frágil...

Os meus dois filhos, Gustavo e João, cabiam sentados, juntos, dentro de um carrinho de neném.

Gustavo tinha muitos pontos em comum com Padre Pio: amor à adoração a Jesus Sacramentado, à reza diária do Terço, à contemplação constante do Menino Jesus de Praga, além do sofrimento físico permanente, inerente ao seu estado de saúde.

Por tudo isso, achamos que o ponto culminante de nossa estada junto ao Santo seria o encontro dos dois, no dia 13 de outubro de 1967, na Primeira Comunhão de Gustavo.

Ficamos em frente ao Altar, do lado de dentro da balaustrada da Comunhão, que deixava um espaço entre os fiéis e a mesa do Santo Sacrifício.

Tocou a sineta e surgiu Padre Pio, trôpego, andando com dificuldade sobre as chagas que trazia nos pés, sempre amparado pelos dois confrades.

E os olhares se cruzaram... o olhar de Gustavo e o olhar de Padre Pio.

Hoje, relembrando a cena, acho que bem poderia ter havido um diálogo espiritual, entre os dois:

"Padre, vim receber Jesus pela primeira vez, de suas mãos!"

"Filho, já te esperava há muito tempo... E hoje, no dia de Nossa Senhora de Fátima, selarás teu coração para Jesus!"

Gustavo estava vestido de capuchinho, usando também o cordão, fazendo questão do "uniforme completo".

No momento de receber a Divina Hóstia, uma fotografia batida com rara felicidade conseguiu imprimir, na foto, os dois olhares, o de Padre Pio e o de Gustavo, fixados num mesmo ponto, num mesmo objetivo: fixados em Jesus.

Terminada a Missa, fomos, com o Padre, para a Sacristia. Era mais um carinho divino.

E após as orações de ação de graças, Padre Pio dizia sempre uma palavra ou um conselho ao comungante.

Ao Gustavo, ele disse: "Ama Jesus, ama Padre Pio, ama seus pais e faz com que sua última comunhão seja tão pura e santa como a primeira."

E foi...

Sinal de Pai

Na volta ao Brasil, em dezembro de 1967, trouxemos uma bela imagem de São Miguel, feita de pedra da famosa gruta do Arcanjo e que foi abençoada por Padre Pio.

A imagem foi colocada no hall de entrada da casa da fazenda, esperando a construção de uma pequena ermida, no alto da serra, para São Miguel abençoar toda a região.

E no dia 22 de setembro de 1968, lá pelas dez e meia da noite, na fazenda, quando nos aproximamos da imagem para beijá-la, Maria Lúcia foi a primeira a exclamar:

– Que perfume de flor de laranjeira! A primavera está chegando...

No dia seguinte, soubemos, com grande dor, que Padre Pio tinha falecido!

Quinze dias depois, ao recebermos a revista do Convento dos

Capuchinhos, na qual Padre Pellegrino relatava os últimos momentos de Padre Pio, lemos que, no momento de sua morte, o Santo exalara perfume de flor de laranjeira!

Dez e meia da noite no Brasil – duas e meia da manhã de 23 de setembro de 1968 na Itália...

Padre Pio entrava no Céu!"

ass. Manoel Victorino da Cunha Mello

Maria Lúcia tinha dúvidas de ter sido ou não aceita por Padre Pio como sua "filha espiritual". Mas, ao ouvir do nosso grande amigo, Padre Jean Derobert, filho espiritual de Padre Pio, que ele e todos os "filhos espirituais" de Padre Pio do mundo inteiro haviam sentido, onde quer que estivessem, o perfume de flor de laranjeira que Maria Lucia tinha sido a primeira a sentir naquela noite de 23 de setembro, em sua fazenda de Santa Rita de Sapucaí, ela teve uma importante confirmação.

Quando a família Cunha Mello morava no Rio, num espaçoso apartamento da Avenida Vieira Souto, havia quatro cadeiras de rodas na casa, mas nunca houve quatro enfermeiras ou quatro acompanhantes para cuidar das crianças. Maria Lúcia fazia questão de cuidar pessoalmente dos filhos.

Era aquela mãe forte da Bíblia, mãe que chora no coração para não chorar na vista dos filhos, mãe que coloca Deus em primeiro lugar em sua vida e sua própria vida em último lugar, mãe para quem não existiam, não existem e nunca existirão cansaços, desânimo ou desesperança.

Sublima tudo. Supera tudo. Pensa em todos, menos em si mesma. Abre mão do que gosta, para não desgostar a quem gosta. Nunca desiste. Luta e insiste, combatendo o *"bom combate"* o tempo todo, a vida toda.

Os dois meninos, Gustavo e João, altamente inteligentes e excepcionalmente dotados para a arte, demonstravam também, desde cedo, grande atração pelas coisas de Deus, o que se transformaria numa espiritualidade elevada e precoce, em face da pouca idade daquelas almas escolhidas e predestinadas, o que lhes permitia encarar seus problemas físicos com extrema resignação, unidos a Cristo na Cruz.

Alguns anos depois de chegarem ao Brasil, problemas respiratórios afetaram Gustavo, depois João, e pode-se dizer que os dois partiram para Deus em odor de santidade.

Giuliana também partiu em odor de santidade. Seus poucos anos de vida nesta terra foram de convívio permanente com a oração, com os intensos momentos de meditação, de penosas vigílias, de leituras bíblicas, na convivência diária com Jesus Sacramentado.

Sua passagem por este mundo foi para deixar-nos seu exemplo do que se pode chamar de santidade de nossos dias, evangelizando, consolando, em constante e humilde oração.

Hoje, no Céu, ao lado de seus irmãos, deve estar pedindo perdão pelos que não pedem, agradecendo tudo, em nome dos que não agradecem nada, sorrindo pelos que só sabem chorar, intercedendo por todos nós que não rezamos por ela e, sim, a ela.

Atualmente, a família está sediada na fazenda que possui em Santa Rita de Sapucaí, Minas Gerais, constituída por Manoel e Maria Lúcia e suas duas filhas, Maria do Rosário e Maria Pia.

Maria Pia, praticamente independente, conseguindo superar seus problemas físicos com muita fé, com muita coragem e muita determinação, cumpre sua missão de permanecer no mundo para santificar, se santificando. Atualmente, seus olhos se voltam para a Comunidade da Toca de Assis, fundada e dirigida por

Padre Roberto, um extraordinário seguidor de São Francisco, admirador e também seguidor das virtudes de Padre Pio.

Maria do Rosário, a quem carinhosamente chamamos de Rosarita, hoje em dia é a irmã mais velha da família.

Com seus lindos traços de madona italiana, bonita por dentro e por fora, criada na escola de seus pais, escola de adesão incondicional a Deus, à Igreja e à Maria Santíssima, também conheceu Padre Pio em criança, quando morou com a família em San Giovanni. Guarda uma longínqua lembrança do Padre Estigmatizado e o arrependimento de não ter tido coragem de beijar-lhe a mão, numa das vezes em que Padre Pio passou perto dela.

É daquelas filhas que discretamente vão se transformando em mãe da própria mãe, no sentido de ajudar e poupar Maria Lúcia, posicionando-se como escudo, à frente de quem lhe deu a vida e a quem ela procura retribuir com a própria vida.

Não foi por acaso que esta família tão especial passou pela vida de Padre Pio, em San Giovanni Rotondo.

Todos nós, que temos o privilégio de conhecê-los, aproveitamos todas as oportunidades para lhes reafirmar nossa profunda admiração e nossa grande amizade, pois precisamos desse testemunho de aceitação tranquila, dessa coragem e sobretudo dessa fé inabalável que caracteriza a família Cunha Mello, para trabalharmos a nossa própria transformação, a nossa própria conversão e a nossa salvação eterna.

Jorra sangue invisível desses corações que sofrem os chamados "martírios brancos", que são os grandes padecimentos aceitos no silêncio de uma resignação perfeita, sem queixas, sem ajuste de contas, sem o esquecimento característico de quem realmente oferece seus sofrimentos a Jesus, em união com Ele na Cruz, como nos revela a família Cunha Mello.

Da mesma maneira com que as pessoas coroadas de espinhos, como Jesus, conservam um coração humilde e repleto de confiança e amor por Ele, como Manoel, Maria Lúcia, Gustavo, Maria do Rosário, João, Giuliana e Maria Pia, assim também "*coisas que os olhos não viram, nem os ouvidos ouviram, nem o coração humano imaginou (*Is.64/4), *tais são os bens que Deus tem preparados para aqueles que o amam.*"(Cor. 1/9).

A MORTE DOS PAIS DE PADRE PIO

A grande família espiritual de Padre Pio espalhava-se pelo mundo inteiro, porém concentrava-se na sua pátria, à sua volta.

Dentre os familiares mais próximos de seu coração estavam, sem dúvida, seus pais, Grazio e Giuseppa Forgione.

Visitavam-no sempre que podiam e ficavam hospedados em casa de Maria Pyle, "a americana", filha espiritual de Padre Pio e grande colaboradora dos Capuchinhos.

Presbiteriana de Nova York, Maria Pyle convertera-se ao catolicismo seis anos antes de conhecer Padre Pio. E desde seu batismo na Igreja Católica, procurava um diretor espiritual.

Foi encontrá-lo em San Giovanni Rotondo, na pessoa de Padre Pio, quando lá esteve acompanhando sua grande amiga, a famosa educadora Maria Montessori.

Padre Pio era exatamente o diretor de que precisava, a fim de guiar seus passos no caminho para Deus.

E Maria Pyle fixou residência em San Giovanni, construindo uma casa próxima ao Convento Capuchinho e trocando seu luxuoso guarda-roupa de pessoa rica pelo hábito preto de Terciária Franciscana, congregação leiga fundada por São Francisco de Assis, para homens e mulheres.

Passou a frequentar o Convento diariamente, para Missa e Comunhão, e confessava-se uma vez por semana com Padre Pio.

Hospedava gratuitamente todos que batiam à sua porta, bastando que fossem amigos de Padre Pio.

Durante a II Guerra Mundial, ao ser ameaçada de prisão em Campo de Concentração, por ser americana, numa Itália ainda aliada aos alemães, foi Padre Pio quem intercedeu por ela e conseguiu que fosse para a cidade de Pietrelcina, onde ficou hospedada em casa de seus próprios pais.

Maria Pyle, sendo rica de família, vivia modestamente, em sua "casa-pensão". Nunca quis nada para si.

Queria, sim, e podia querer, o conforto simples e o bem-estar aconchegante para os peregrinos que hospedava em sua casa.

Secretariava Padre Pio, em sua volumosa correspondência nacional e internacional, e colaborou largamente na construção do hospital do Padre, a Casa Alívio do Sofrimento, em San Giovanni Rotondo.

Em Pietrelcina, cidade natal de Padre Pio, Maria Pyle subvencionou a construção de um Convento Franciscano e de um Seminário, além de contribuir para a construção de uma igreja e comprar a casa em que Padre Pio nascera.

Maria Pyle fazia questão absoluta de hospedar os parentes de Padre Pio, quando vinham a San Giovanni.

E foi por volta de dezembro de 1928 que Maria Pyle conseguiu trazer de Pietrelcina "Mamma Peppa", a mãe de Padre Pio, para passar o Natal com o filho querido.

Naquele ano, o inverno estava mais rigoroso do que nunca, sobretudo em San Giovanni Rotondo, onde o mês de dezembro é sempre gelado.

Na noite de Natal, "Mamma Peppa" preparava-se para a assistir à Missa do Galo, celebrada por seu filho.

Suas amigas lhe haviam presenteado com um casaco de lã grossa, mas, por mais que Maria Pyle também insistisse em lhe emprestar um de seus agasalhos, "Mamma Peppa" recusava, dizendo que não queria encobrir seu traje de camponesa, que sempre usara.

Eram a simplicidade e a autenticidade da mãe, que fazia mais questão em ser ela mesma, para seus filhos, do que em se vestir com roupas que não lhe eram familiares.

Era como se ela quisesse ser sempre o que tinha sido, uma espécie de fidelidade às origens e à imagem que os filhos guardariam dela, como sempre tinha vivido, diante da família e diante de Deus.

Naquele ano, a noite de Natal não poderia ter sido mais fria.

"Mamma Peppa" assistiu piedosamente à Missa celebrada por seu filho, recebeu a Comunhão de suas mãos marcadas pelas chagas de Cristo, talvez ligeiramente trêmulas, porque ali estava a sua mãe, com o mesmo aspecto de seus tempos de criança, pois, quando se ama, não se vê sinal algum da passagem do tempo na fisionomia amada.

Diante de Padre Pio estava a mãe camponesa de sua longínqua infância de Pietrelcina, seus olhos brilhantes de emoção contida, como duas estrelas orvalhadas que tivessem se desprendido do céu para enfeitar a noite de Natal de Padre Pio.

E diante de "Mamma Peppa" lá estava o seu menino já bem menos menino, que agora não podia mais correr, por trazer Jesus em seu corpo chagado.

"Mamma Peppa" acompanhava a lentidão de seus passos e de seus movimentos de agora, mas não se entristecia com isso. Compreendia e aceitava.

Sabia que seu menino, de tanto conversar com Nossa Senhora e "ter feito amizade" com Ela desde a sua mais tenra infância, certamente ali estava amparado por Ela, como o estaria para sempre, até a Eternidade.

E de repente, num momento fugaz de intensa luminosidade da inspiração divina, "Mamma Peppa" terá vislumbrado toda a grandeza do sofrimento de seu filho, crucificado com Jesus.

Era um encontro entre o coração da mãe, santificada pelo filho, e o coração do filho, santificando-se e santificando a mãe.

Quando a alegria divina envolveu totalmente a alma e o coração de "Mamma Peppa", certamente afrouxaram-se suas resistências físicas, deixando passar uma pneumonia fatal.

Padre Pio passou a levar-lhe a Comunhão diariamente e sempre que lhe era possível estava à sua cabeceira. Nada dizia, nada comentava. Quando lhe perguntavam se estava rezando pela cura da mãe, respondia:

– *Seja feita a vontade de Deus!*

E a vontade de Deus foi feita: Giuseppa Forgione faleceu no dia 3 de janeiro de 1929.

O marido, Grazio Forgione, tinha vindo de Pietrelcina e estava presente à sua morte, em casa de Maria Pyle.

Foi uma grande dor para Padre Pio. O Padre chorou copiosamente, inclinado sobre a cama de sua mãe, chamando docemente pelo seu nome.

Seu amigo e filho espiritual, Francesco Morcaldi, então prefeito de San Giovanni Rotondo, afetuosamente o interpelou, no sentido de consolá-lo, lembrando-lhe de que ele sempre ensinara a seus "filhos espirituais" a aceitar o sofrimento sem tristeza e a oferecê-lo a Jesus. Padre Pio respondeu-lhe:

– *Não são lágrimas de tristeza. São lágrimas de amor.*

"Mamma Peppa" foi enterrada no cemitério local de San Giovanni Rotondo.

Grazio Forgione ficou morando em casa de Maria Pyle durante treze anos que se seguiram à morte da esposa.

E através dos relatos de Maria Pyle, ficamos conhecendo um pouco mais sobre o relacionamento entre Padre Pio e seu pai, sobre a fé e a humildade daquele modesto camponês, homem simples, porém trabalhador e dedicado à família, um autêntico pai cristão.

Maria Pyle contava, por exemplo, que Grazio tudo fazia para beijar a mão do filho, mas Padre Pio se esquivava e dizia que os filhos é que deviam beijar a mão dos pais. O mesmo que sempre dissera a sua mãe, quando ela também fazia menção de beijar-lhe as mãos.

– *Mas eu não estou querendo beijar a mão de um filho* – dizia Grazio Forgione. – *Quero beijar as mãos de um Padre!*

Padre Pio achava graça, dava risada e acabava por abraçá-lo carinhosamente, beijando-lhe o rosto dos dois lados e estendendo-lhe as duas mãos para que ele as beijasse.

Pouco a pouco a saúde de Grazio Forgione foi se enfraquecendo.

Finalmente, no dia 7 de outubro de 1946, dia de Nossa Senhora do Rosário, ainda em casa de Maria Pyle, veio a falecer.

Preparado para a última viagem pelo próprio filho, morreu em seus braços.

E Padre Pio, tendo nos braços o pai morto, aquele camponês humilde e pobre, de pele crestada pelo sol, de mãos ásperas e calejadas das enxadas e das foices, com sua cabecinha branca reclinada em seu ombro, admirava silenciosamente aquele pai que não hesitara em emigrar duas vezes para a América, a fim de pagar-lhe os estudos, no Seminário, respeitando-lhe a vocação e a realização de seu ideal de consagrar sua vida ao Senhor.

E Padre Pio chorou.

Eram lágrimas de gratidão, de admiração, mas sobretudo lágrimas de amor, como as que havia chorado por sua mãe.

Ele sabia que um pai cristão como Grazio Forgione não estava morto. Estava vivo, no coração de Deus.

"Quem crê em mim, ainda que morra, viverá.".
(Jo. 11/25)

PADRE PIO E NOSSA SENHORA

Os pais de Padre Pio foram testemunhas do desabrochar da devoção do filho por Nossa Senhora, amor espontâneo por sua "Mammina" (Mãezinha) do Céu, desde seus cinco ou seis anos de idade.

A imagem da "Madonna da Libera", que até hoje é venerada em Pietrelcina, bem poderia dar também seu testemunho sobre a devoção do menino Francesco, se nos fosse dado ouvi-La descrever a delicadeza e a ternura que o menino demonstrava em suas orações infantis e em seus colóquios com a Virgem Maria.

Mais tarde, em seus êxtases de grande místico, Padre Pio continuava a falar com Nossa Senhora e a ouvi-La.

Quem assistisse a um êxtase de Padre Pio, não ouvia o que lhe era dito por Maria, mas seus Superiores tiveram a oportunidade de anotar algumas de suas palavras, durante seus colóquios com a Virgem: *"Minha Mãezinha... Como és bela... Resplandecente... Te amo muito, muito!"*

Quando Padre Pio passou pelos sofrimentos da "noite escura" do espírito, certamente era à Nossa Senhora que ele recorria, Ela que sempre fora seu socorro, seu refúgio e seu alento.

Muito mais do que uma simples devoção, era um autêntico amor filial que unia Padre Pio a Maria Santíssima.

"Sinto-me estreitamente unido ao Filho através desta Mãe!" escrevia Padre Pio ao seu Diretor Espiritual.

Padre Pio considerava a Virgem Maria a pessoa mais próxima do Filho de Deus feito Homem, pois Jesus Cristo era corpo de Seu corpo, sangue de Seu sangue.

Ele dizia que quisera *"ter uma voz suficientemente forte para incitar todos os pecadores a amar Nossa Senhora"* (*Epist 1/277*). Quisera poder *"voar para levar todas as criaturas desse mundo a amar Nossa Senhora!"* (*Epist.* 1/357).

Padre Pio era fascinado pela perfeição de Maria Santíssima, pela Sua pureza de alma, pela Sua bondade e pela beleza de Seus traços fisionômicos, que ele tão bem conhecia desde criança. Promovendo-Lhe o culto, apontava Nossa Senhora como modelo divino a ser seguido.

Se conseguíssemos colocar Maria Santíssima em nosso lugar, no momento de uma decisão, de uma mudança de padrão de vida, de uma perda, de um fracasso, agindo como Ela agiria, só assim poderíamos ser designados como verdadeiros devotos de Nossa Senhora.

Se fossem apenas as orações, as novenas, as ladainhas, as jaculatórias, os cânticos e os protestos de admiração e de amor pela nossa Mãe do Céu, não poderíamos passar com Ela pela "porta estreita" que nos leva a Deus.

É Padre Pio quem escreve e nos traça um verdadeiro programa de vida junto à Mãe de Deus: *"Esforcemo-nos, como tantas almas eleitas, por seguirmos sempre o exemplo desta Mãe, caminhando sempre com Ela, desprezando qualquer outro atalho que a vida possa nos apontar e que não seja a estrada de nossa Santa Mãe. Não nos afastemos desta estrada, se quisermos chegar ao fim de nossa caminhada. Estejamos sempre unidos à nossa querida Mãe."* (*Epist. 1, 602*).

Padre Pio desconfiava da exagerada importância que certas pessoas dispensavam aos fenômenos ou acontecimentos prodigiosos. Escrevia ele: *"Não se preocupe se não ouvir a voz de nossa Mãe Santíssima e nem fique esperando por acontecimentos extraordinários, pois não são essas coisas que significam o aperfeiçoamento da alma, e, sim, a prática das santas virtudes cristãs."* (12/09/1915 – Ep. III, 100).

Padre Pio citava Maria Imaculada como símbolo e exemplo da virtude da pureza, a ser praticada por suas "filhas espirituais".

Segundo o Padre, a exclamação *"Viva Maria Imaculada"* é uma palavra de ordem para desmascarar o demônio, disfarçado em anjo de luz, enganando as almas.

– *Quando se passa por uma imagem de Nossa Senhora, deve-se dizer: eu vos saúdo, ó Maria! Cumprimentai Jesus por mim, com alegria!* – ensinava Padre Pio.

Outra virtude de Nossa Senhora que Padre Pio procurava incutir no coração de seus "filhos espirituais" era a humildade.

Ele observava que a humildade de Maria fora sempre crescente, em contraposição à sua crescente importância diante de Deus e dos homens.

Ao receber a visita do Anjo Gabriel, anunciando-Lhe que seria a Mãe do Filho de Deus, as palavras de Maria foram de extrema humildade: *"Eu sou a serva do Senhor; faça-se em mim segundo a tua palavra."* (Lc.1/38).

Pouco tempo depois, em casa de Zacarias e de sua prima Elizabeth, ao ser saudada por ela como *"a Mãe de meu Senhor"*, Maria também respondeu com suma humildade: *"Minha alma glorifica o Senhor e meu espírito exulta de alegria em Deus, meu Salvador, porque olhou para sua pobre serva."* (Lc. 1/46)

E diante disso, Padre Pio aconselhava: *"Coloque-se sempre em último lugar, entre os que amam o Senhor, considerando- -os, todos, melhores do que você. Revista-se de humildade em relação aos outros, pois Deus resiste aos orgulhosos e concede a graça aos humildes. Quanto mais as graças de Jesus cresçam em sua alma, mais deve se humilhar, tendo sempre em si a humildade de nossa Mãe Celeste que, no momento em que se torna a Mãe de Deus, se declara serva e escrava do mesmo Deus."* (29-01-1915 – III, 49).

No Presépio, no momento do nascimento de Jesus, a Virgem Maria é um perfeito exemplo de proximidade e de intimidade com Deus.

No Calvário, junto à Cruz, no momento da morte de Jesus, Nossa Senhora é um perfeito exemplo de aceitação do sofrimento e nos ensina como nos comportarmos diante da dor: *"Perto da cruz de Jesus permaneciam de pé, sua mãe..."* (Jo. 19/25).

Silenciada pela extrema dor, sem gritos de protesto ou de revolta, sem recorrer a atitudes teatrais ou a lágrimas de efeito, sem interferir na atuação do Filho crucificado, limitava-se a ouvir suas últimas palavras e seu último suspiro, guardando tudo em Seu coração, como sempre o fizera, só que desta vez num coração traspassado pela espada de dor que Lhe fora preconizada no Templo, pelo velho Simeão.

Certamente esta Nossa Senhora das Dores refletia uma das facetas da espiritualidade de Padre Pio, que costumava dizer:

– *Apoiai-vos na Cruz de Jesus, como o fez a Virgem Maria e nunca vos faltará consolo. Diante do Filho Crucificado, Nossa Senhora ficou como que petrificada, mas não se sentiu abandonada. E não O terá amado muito mais intensamente naquele momento em que mais sofria, quando nem ao menos conseguia chorar?!*

Na verdade Maria Santíssima foi a mestra e o exemplo que forjaram o corpo e a alma de Padre Pio para a sua missão de Co-Redentor, de participante na salvação das almas. E repetimos o nosso refrão: Jesus Cristo pregado na Cruz, Padre Pio pregado em Jesus.

E ele nos deixou por escrito, em seu Epistolário, verdadeiro programa de vida, em relação ao que podemos aprender com Nossa Senhora, apontando-A como a guia perfeita para acompanharmos Jesus em Sua via dolorosa.

Padre Pio nos recomenda ainda que peçamos à Virgem Maria que nos ensine a amar o sofrimento e a considerá-lo verdadeira riqueza, para a reparação de nossas faltas, para obter a salvação de nossa alma e também para a salvação das almas afastadas de Deus.

"...Ela foi a primeira a pôr em prática o Evangelho, em toda a sua perfeição, em toda a sua severidade, antes mesmo que fosse publicado, nos incentiva a segui-La de imediato e de muito perto." (Epist. 1, 602)

Padre Pio aconselhava aos seus "filhos espirituais" que pedissem também a Maria Santíssima força e coragem para combater o "bom combate" e sair vitoriosos.

Quantos dias e quantas noites insones terá passado Padre Pio, suplicando a intercessão de Maria Santíssima para todos aqueles que lhe imploravam graças impossíveis, curas de doenças incuráveis, filhos para quem não podia tê-los, soerguimento para as almas que vicejavam no fundo do poço do desespero, reconciliação para casais irremediavelmente descasados, resgate de corpos dos escombros da fome e da miséria...

E enquanto os dedos de suas mãos chagadas corriam pelas contas dos ininterruptos Rosários, Nossa Senhora intercedia junto a Jesus, com sua *"onipotência suplicante"* de Co-Redentora.

Quem pedia a Deus não era propriamente o Padre Pio. Era a Esposa do Espírito Santo, a Mãe do Filho de Deus, a Filha do Pai.

E através do Canal da Misericórdia de Deus, do Canal de Graças que é Maria Santíssima, lá vinham milhares de curas do corpo e da alma, milhares de filhos ansiosamente esperados, milhares de almas reconciliadas com Deus, poços de desespero esvaziados e imediatamente plenos de água viva, corpos resgatados do fundo da fome e da miséria.

Era o impossível dos homens, tornando-se o possível de Deus.

Era Padre Pio rezando e juntando seus sofrimentos às suas orações, em união com Jesus Cristo.

E quando pensamos em seus sofrimentos...

Foram três anos sem conseguir conciliar o sono... quatorze anos de perseguições tão sufocantes quanto suas terríveis crises de bronquite asmática, febres de arrebentar termômetros, calúnias e ingratidões de arrebentar o coração, enxaquecas alucinantes, como se sua cabeça e sua alma fossem arrebentar de dor... E tudo isso oferecido ao Senhor, pelas mãos de Maria Santíssima que se apressava em depositar todas essas riquezas nas mãos de Deus e voltar correndo, em tempo de amparar e de conduzir Padre Pio até o Altar.

Quando apresentavam a Padre Pio um problema muito complicado, ou muito grave, ele dizia :

"Nestes casos, só Nossa Senhora!"

Sua confiança na poderosa intercessão da Virgem Maria, através da reza do Rosário, fazia com que ele sempre repetisse: *"O Rosário é uma arma!"*

Uma arma para afugentar as tentações, para afastar o demônio, para chegar ao coração de Jesus, para alcançar graças da Mãe Santíssima.

Seria impossível calcular quantos Rosários Padre Pio rezava por dia ou... por noite, pois seus lábios nunca se calavam, suas mãos chagadas nunca se aquietavam. Padre Pio nunca estava sem um Terço ou uma "Coroinha" entre os dedos.

Certa vez, deu a seguinte explicação para o Rosário:

– *Esta oração é a síntese da nossa fé, o sustentáculo da nossa esperança, a explosão da nossa caridade.*

E aconselhava a seus "filhos espirituais" e a seus devotos que procurassem rezar sempre o Rosário com muita atenção, desde a "Ave Maria", a saudação a Nossa Senhora, até a meditação de cada um dos Mistérios.

– *Nossa Senhora está presente em todos os Mistérios, participando de todos eles, na dor e no amor* – afirmava Padre Pio.

Já no fim da vida, quando alguns "filhos espirituais" lhe perguntaram qual seria a principal herança que gostaria de lhes deixar, Padre Pio respondeu:

– *Deixo-lhes o Rosário!*

E ele tinha plena consciência de que lhes deixava um tesouro.

No alto da porta da cela número 5, cela que o Padre ocupou por muito tempo, lá estava escrito o seu lema:

"Maria é toda a razão de minha esperança!"

Um dia, uma de suas "filhas espirituais" pediu-lhe que dissesse algo sobre Maria Santíssima, ao que o Padre logo respondeu:

– *Pense que Jesus, fonte de água viva, não pode chegar até nós sem um canal: este canal é Maria. Jesus só vem a nós através da Virgem Maria. Devemos procurar imitar Nossa Senhora em sua santa humildade e na sua discrição. Que a Virgem Maria lhe faça sentir todo o Seu amor. Abandonemo-nos nas mãos de nossa Mãe Celeste, se quisermos encontrar bem-estar e paz.*

Nossa Senhora sempre demonstrou a Padre Pio, através de inúmeros sinais, o quanto Lhe era agradável a devoção e o grande amor que Seu piedoso filho Lhe dedicava.

E pode-se dizer que o amor filial de Padre Pio por Maria Santíssima era uma das pilastras de sua espiritualidade.

Quando alguém se espantava com o número de terços que ele rezava, dizendo-lhe:

– Como é que você pode rezar tanto?

O Padre respondia:

– *Como é que você pode não rezar tanto?!*

Nossa Senhora lhe era de tal maneira familiar que Sua aparição não o perturbava. Achava que todos também A viam e era com a maior naturalidade que escrevia ao seu Diretor Espiritual:

– *Com que atenção a Virgem Maria me conduziu hoje ao altar! Deu-me a impressão de que não tinha outra coisa a fazer senão preocupar-se comigo!*

Uma das maiores graças concedidas por Maria Santíssima a Padre Pio deu-se no dia 5 de agosto de 1959.

Por uma licença especial do Santo Padre, a imagem peregrina de Nossa Senhora de Fátima foi conduzida, de helicóptero, até a cidade de San Giovanni Rotondo.

Havia três meses que Padre Pio se encontrava de cama, gravemente doente.

Ao tomar conhecimento da "visita" de Nossa Senhora à Igreja do Convento, quis ir ao seu encontro.

Mesmo contra a vontade dos médicos, mas com a permissão de seu Superior, levantou-se da cama com muita dificuldade e com maior esforço, amparado por dois Confrades, foi conduzido até o interior da Igreja do Convento, onde estava a imagem.

E em meio às lágrimas de emoção e de sofrimento físico que lhe acarretava a longa enfermidade, Padre Pio fez suas orações e beijou os pés da Virgem de Fátima.

Foi logo reconduzido à sua cela, quase arrastado até a cama.

Quando, finalmente, o helicóptero levantou voo para levar a Virgem Peregrina a outras cidades da Itália, deu duas ou três voltas sobre a praça e a Igreja, passando a uma certa distância da janela do quarto de Padre Pio.

E ele conseguiu rever a imagem, através da janela envidraçada do helicóptero, exclamando:

– *Madonna Mia* (minha Nossa Senhora), *eu adoeci no dia em que a Senhora chegou à Itália. Agora que a Senhora está indo embora da cidade, vai me deixar nestas condições, sem ao menos me dar sua bênção?!...*

Naquele mesmo momento, o piloto do helicóptero sentiu verdadeiro impulso de retroceder e passar mais uma vez diante da janela de Padre Pio.

E Padre Pio, por sua vez, sentiu um súbito calor e uma sensação de extremo bem-estar que o fez levantar-se. Pôs-se a caminhar, percebendo que estava curado.

Alguns dias depois retomava seu lugar no Confessionário e no Altar.

Padre Pio não escondia o prazer que lhe causava falar de sua Mãezinha do Céu.

Certa vez, disse as seguintes palavras a uma de suas "filhas espirituais":

– *Minha filha, basta você saber que Maria é a Mãe de Jesus e que nos ama tanto que ofereceu ao Pai o Seu Filho Unigênito para a salvação de Seus filhos adotivos.*

Nem todos os Anjos e Santos juntos poderiam louvar dignamente a Mãe de Jesus, a Mãe do Filho de Deus.

Ela é um grande e inestimável tesouro que guarda em si um tesouro infinito que é o Filho de Deus. Quem poderia avaliar ou medir a grandeza da Mãe Celeste? Nela, o Onipotente depositou tudo o que podia dar de si mesmo. Maria é a criatura mais importante, vinda das mãos de Deus, mas nada teria sido, se não houvesse colaborado com tamanha graça do Senhor.

Os olhos de Deus encontram máculas até em seus Anjos, contudo pousam sobre Maria com suma complacência. Ela é mais bela e mais resplandecente do que o sol. É um puríssimo cristal que não saberia e nem poderia refletir outra coisa que não fosse Deus.

Por volta de 1911, quando Padre Pio esteve no Convento de Venafro, Padre Agostino, um de seus Diretores Espirituais, assistindo a diversos êxtases de Padre Pio, anotou algumas frases por ele pronunciadas, diante da Virgem Maria:

– *Ouve-me, 'Mammina mia', não me importo se às vezes não consigo compreender a expressão do Teu olhar... amo-Te acima de todas as criaturas do céu e da terra... depois de Jesus, é claro... mas eu Te amo!*

Na verdade, Padre Pio amava Nossa Senhora intensamente, acima de toda e qualquer outra criatura. Emocionava-se com os cânticos a Nossa Senhora e não admitia comparações, como:

– Maria Santíssima, tão bela quanto (o sol) tão alva quanto (a lua).

O Padre protestava:

– Se *assim fosse, renunciaria a ir para o Céu!*

Padre Alberto D'Appolito, então Superior do Convento de San Severo, cidade muito próxima a San Giovanni Rotondo, relata em seu livro "Padre Pio da Pietrelcina" que certa vez apresentou a Padre Pio uma linda gravura de Nossa Senhora com o Menino Jesus, pedindo-lhe que escrevesse alguma coisa, no verso, sobre a beleza, a delicadeza e a perfeição de traços que encontrara no rosto da Virgem.

Padre Pio observou detidamente a gravura e devolveu-a a Padre Alberto, dizendo-lhe:

– *Não poderiam tê-la feito mais feia!*

– Então – disse Padre Alberto – como o senhor já viu Nossa Senhora e está achando esta imagem tão feia, diga-me, como é Nossa Senhora?

Padre Pio respondeu:

– *Quem poderia retratar ou descrever a beleza de Maria Santíssima?*

Padre Pio fazia questão de transmitir aos seus "filhos espirituais" e a quem dele se aproximasse o seu imenso amor filial a Maria Santíssima, como também de chamar atenção sobre sua poderosa intercessão.

Dizia que a Virgem Maria tinha nas mãos a chave do Coração de Deus. E aconselhava:

– *Rezemos com fervor, com constância, com fé e esperemos pacientemente que o Senhor e a Virgem Maria, sua Mãe, nos ouçam favoravelmente. Sejamos constantes e perseverantes na oração e a Virgem não poderá permanecer surda às preces de seus filhos... Se formos perseverantes, nossa Mamãe não ficará surda aos gemidos de seus filhos...*

Quanto à reza do Terço, que muita gente considera uma oração monótona e repetitiva, é bom que se saiba o que Padre Pio dizia a respeito:

– *Trata-se de um maravilhoso presente de Nossa Senhora à humanidade!*

A própria Virgem Maria, desde suas aparições a São Domingos e a Santa Catarina de Sena até aos Pastorinhos de Fátima e aos videntes de Medjugore, sempre recomenda, aconselha e chega a pedir a reza do Terço, bem como sua divulgação, além de prometer a obtenção de graças e até mesmo a salvação eterna, sempre através da devoção do Rosário.

Padre Pio, além de estar sempre com um Terço na mão, aproveitando todos os minutos disponíveis para rezar, foi um de seus maiores propagadores e aconselhava que todos levassem sempre consigo o Terço, senão a Coroinha, para rezar a qualquer tempo, em qualquer lugar e também como "arma" especial contra o "maligno".

Considerava o Terço o presente mais valioso que se pode dar a alguém e, com a aquiescência de seus Superiores, ele próprio costumava dar um Terço a quem lhe pedisse, ou mesmo presentear espontaneamente seus devotos e fiéis.

E todos ficavam-lhe muito gratos e muito felizes com o presente, inclusive as personalidades ilustres que o procuravam.

Quem poderia calcular o número de graças alcançadas por Padre Pio para seus fiéis e seus "filhos espirituais" por intercessão da Virgem Maria?

– *Nossa Senhora nada me nega, do que lhe peço!* – costumava dizer.

E quando alguém vinha lhe agradecer um milagre, o Padre apressava-se em responder:

– *Eu não faço milagres! Eu rezo por quem me pede! Vá agradecer a Deus e a Nossa Senhora! Foi Ela quem intercedeu pela sua graça alcançada!*

Padre Alberto D'Appolito conta que, depois de ter sido curado de uma grave enfermidade, pela intercessão de Padre Pio, procurou pessoalmente o Padre, para lhe agradecer as orações. No entanto, depois de abraçá-lo efusivamente, Padre Pio lhe disse:

– *Vá agradecer a Nossa Senhora. Foi ela quem o curou.*

Pode-se dizer que Padre Pio nunca cessou de exortar o mundo, através de seus devotos e de seus "filhos espirituais", a amar Nossa Senhora e de fazer com que Ela fosse amada.

– *Rezem o Terço!... Rezem o Rosário!...* – *E* a voz de Padre Pio parecia o eco das palavras de Nossa Senhora, em suas diversas aparições neste mundo.

Certa vez, um de seus "filhos espirituais" perguntou-lhe se Nossa Senhora alguma vez já tinha estado em sua cela.

– *Meu filho* – respondeu Padre Pio – *pergunte-me, antes, quando é que Ela não está aqui!*

Nossa Senhora assumiu a maternidade que Cristo, da Cruz, Lhe confiou, adotando a humanidade inteira, com extremo zelo e dedicação.

E em se tratando de maternidade divinizada pela determinação do Filho de Deus, o elo que une Maria Santíssima aos seus filhos deste mundo é muito mais forte do que o elo entre a mãe biológica e seus filhos.

Quanto mais nos espelharmos em Maria, quanto mais procurarmos seguir-Lhe os exemplos, imitá-La nas virtudes e no cumprimento das leis de Deus, mais Ela nos retribuirá com Sua proteção, Seu consolo e Suas graças. Esta é a única forma de amá-la e de fazê-la amada, como nos ensina Padre Pio.

Em julho de 1964, apresentaram ao Padre Pio uma jovem de 18 anos que tudo indicava estar possessa do demônio.

Ao ver o Padre, começou a gritar-lhe ofensas e impropérios, investindo contra ele numa quase agressão física.

Padre Pio, que já estava com quase oitenta anos, não se sentiu com forças para fazer um exorcismo e limitou-se a abençoá-la.

Alguns dias depois, dois ou três frades Capuchinhos, com autorização do Bispo local, tentaram fazer o exorcismo.

A jovem desacatou-os e afastou-os peremptoriamente, gritando-lhes que não estavam devidamente preparados através de orações e de jejum, como manda o Evangelho, e não poderiam fazer um exorcismo.

Quando Padre Pio soube do ocorrido, ficou realmente muito entristecido e resolveu fazer uma vigília de oração, levantando-se no meio da noite para suplicar ao Senhor que libertasse a pobre moça do poder do "inimigo".

No entanto, naquela mesma noite, o demônio vingou-se de Padre Pio, atacando-o pelas costas e atirando-o ao chão.

O barulho foi de tal ordem, acompanhado de um grito lancinante que Padre Pio não conseguira conter, que despertou seu Superior e alguns de seus confrades.

Acorreram imediatamente e encontraram Padre Pio caído, com um corte no supercílio, vertendo sangue, o rosto edemaciado e hematomas tão escuros, à volta dos olhos, que pareciam ter sido feitos com carvão.

Na manhã do dia seguinte, enquanto Padre Pio permanecia em sua cela, impossibilitado de descer para celebrar a Santa Missa, o espírito do "maligno" vociferava, através da jovem possessa:

– *Pio! Eu te conheço desde pequeno!...*

E assim satanás confirmava os ataques diabólicos que o Padre sofrera desde sua infância, em Pietrelcina.

Os exorcistas perguntaram, então, ao espírito do mal, que falava através da possessa, onde estivera, na noite precedente, ao que o demônio respondeu:

– *Eu estava lá em cima... fui atrás daquele velho que tanto odeio... porque ele é uma fonte de fé...*

Diante disso, podemos concluir que todos os caluniadores e perseguidores de Padre Pio estavam e estarão sempre a serviço do demônio, em seu intento, embora malogrado, de destruir a indestrutível "fonte de fé" que Padre Pio representa.

– *E teria feito muito mais contra ele, se não aparecesse a Dama de Branco e me impedisse!*

E havia sido o próprio demônio que, pela boca da jovem possessa, acabara de declarar que a "Dama de Branco" lhe aparecera, ou melhor, aparecera a *"Mulher vestida de sol"* no céu aberto da cela de Padre Pio e lhe impedira de prosseguir em suas maldades, isto é, *"pisando a cabeça da serpente"*.

Durante a noite precedente, quando o Superior e outros frades entraram na cela de Padre Pio, atraídos pelo ruído de sua queda e de seu grito incontido, haviam se admirado muito ao verem um travesseiro no chão, sob a cabeça do Padre. E quando o Superior lhe perguntou quem havia colocado o travesseiro sob sua cabeça, ele respondeu com a máxima naturalidade:

– *Foi Nossa Senhora.*

Importante a confirmação da poderosa intercessão de Maria Santíssima, de um bem maior advindo do sofrimento de Padre Pio – de repente, tudo se esclarecia, tudo fazia sentido.

No decorrer de todo este episódio estarrecedor, Nossa Senhora nos deu provas irrefutáveis de Sua maternidade assumida aos pés da Cruz de Cristo, além de Sua demonstração de força e de poder contra o "maligno".

A presença infalível da mãe que luta para defender o filho em perigo, que se debruça sobre o filho doente e, enquanto reza por ele, coloca-lhe um travesseirinho sob a cabeça. É o retrato perfeito de como age a nossa Mãe do Céu, em relação aos seus filhos da Terra.

Mãe que conforta, no dizer de Padre Pio, ao mencionar o travesseiro colocado por Nossa Senhora sob Sua cabeça. Mãe que "aparece", no dizer do próprio demônio, para nos defender e lutar por nós. É realmente a Mãe Divina, que nos foi dada por Jesus.

Quanta perplexidade ao chegarmos à conclusão de que o próprio demônio elevou o nome de Padre Pio às alturas, designando-o como "fonte de fé" que incomoda até o inferno!... Como nos parece inacreditável que o próprio satanás tenha proclamado a superioridade, a força e o poder de Maria Santíssima contra ele mesmo...

E mencionando o "aparecimento" da "Dama de Branco" na cela de Padre Pio, proclamou também a presença real da Virgem Maria nesta terra, para defender um filho, além de confirmar as palavras do Sacerdote Estigmatizado, ao dar a entender a um "filho espiritual" que Nossa Senhora estava constantemente presente em sua cela...

É verdadeiramente inacreditável ouvir o "maligno" confessar a sua própria impotência diante de Nossa Senhora, declarando que a presença Dela o impedirá de prosseguir em seus ataques ao Padre Pio...

No entanto, não é de se estranhar que chame Nossa Senhora de "Dama de Branco", não ousando pronunciar seu verdadeiro nome e seu título máximo de Mãe de Deus.

E que bondade de Deus, ao nos revelar tudo isso, através de uma única passagem da vida de Padre Pio!

A SANTA MISSA
A MISSA DE PADRE PIO

Não se pode descrever a Missa celebrada por Padre Pio sem antes sabermos o que é a Missa.

A Missa é um ato solene em que a Igreja reproduz a Paixão, Morte e Ressurreição de Jesus Cristo, pela salvação da humanidade.

"Desde o século II temos o testemunho de São Justino Mártir sobre as grandes linhas do desenrolar da Celebração Eucarística que permaneceram as mesmas até nossos dias." (C I C, Pag. 322)

A Missa divide-se em duas partes principais: a *Liturgia da Palavra* (leituras, homilia, oração universal) e a *Liturgia Eucarística* (apresentação e consagração do pão e do vinho, ação de graças e comunhão).

A Última Ceia foi a primeira Missa.

Jesus consagrou o pão e o vinho, deu graças e deu aos seus apóstolos, dizendo-lhes: "Fazei isto em memória de mim".

"Se procurássemos estabelecer um paralelismo entre a cronologia da Paixão de Jesus e a cronologia da Missa, chegaríamos à conclusão de que as duas cronologias são coincidentes e, assim sendo, talvez conseguíssemos "viver" *a nossa Celebração em toda a sua plenitude." ("Padre Pio Testemunho de Deus", Pe. Jean Derobert, Ed.Hovine).*

A Missa começa pela confissão de nossos pecados (*"Eu me confesso a Deus Todo Poderoso..."*) e logo em seguida suplicamos a misericórdia de Deus (*"Senhor, tende piedade de nós!"*). Depois vem o *"Glória"* que os Anjos cantaram para anunciar o nascimento do Salvador do Mundo.

As *"Leituras"* nos trazem a Palavra de Deus, através do Antigo e do Novo Testamento.

Certa vez perguntaram a Padre Pio:

– Por que é que o senhor quase sempre chora, ao ler o Evangelho?

– *Você acha pouco que um Deus fale com suas criaturas?* – respondeu. – *E que suas criaturas o contradigam? E que Ele seja constantemente ofendido pela incredulidade e ingratidão dos Homens?*

Agora entendemos perfeitamente que o início de nossa Missa chame-se "Getsemani".

Chega o *Ofertório*. É a preparação da vítima. É o momento em que nos voltamos completamente para Deus. O grande louvor do *Prefácio*, a aclamação do *"Sanctus"*, tudo nos lembra aquele brado de submissão de Jesus: *"Pai, que seja feita a tua vontade e não a minha!"*

Acompanhando a cronologia da Paixão de Cristo, chegam os dolorosos momentos da prisão do Senhor, do julgamento iníquo, da flagelação, das zombarias, da coroa de espinhos e Jesus carregando a cruz pelas ruas de Jerusalém, em meio àqueles rostos desconhecidos e conhecidos...

Tudo isto vivenciamos depois do início da *Oração Eucarística* até a *Consagração*.

Segundo o *"Canon Romano"*, o *"Memento dos Vivos"* assume especial relevo, considerando-o sob a seguinte perspectiva: "Este Sacrifício, Senhor, é hoje oferecido por tais e tais pessoas!"

A *Consagração* nos dá o Corpo liberto e o Sangue derramado por Jesus.

À luz da mística, este momento da Crucifixão era de intenso sofrimento para Padre Pio.

Ah, se pudéssemos saber o que realmente se passa no preciso instante da *Transubstanciação!...*

O Estigmatizado do Gargano oferecera-se ao Senhor, a fim de que Ele lhe concedesse uma "humanidade por acréscimo", segundo a feliz expressão da Irmã Elizabeth de la Trinité, através da qual o Crucificado do Calvário pudesse novamente sofrer pela glória do Pai e pela Redenção do mundo. Aliás, esta deveria ser a atitude de cada Sacerdote, ao subir ao Altar para celebrar uma Missa.

Depois da *Consagração,* Jesus Cristo está na Cruz... É fácil juntarmo-nos a Ele.

Ele oferece seu sacrifício ao Pai e recomenda João a Maria e Maria a João. No *"Canon* Romano", no *"Memento dos Mortos"* lembramo-nos dos defuntos, para que usufruam especialmente do Sacrifício Redentor.

Em seguida, a grande e solene *"oferenda"* que termina na *Oração Eucarística "Per Ipsum",* quando prestamos à Santíssima Trindade toda a honra e toda a glória. Lembra-nos sutilmente da grande oferenda que coroou o Sumo Sacrifício: *"Pai, em tuas mãos entrego o meu espírito!"*

E, já que foi o sacrifício de Cristo que nos devolveu a dignidade de filhos de Deus, tornando-nos novamente irmãos, é natural que neste momento rezemos todos juntos o *Pai Nosso.*

A morte de Jesus, pela ótica da mística, é indicada pela fração da hóstia, mas, logo em seguida, o Sacerdote deixa cair uma partícula do Pão consagrado sobre o Precioso Sangue, demonstrando, assim, que o Corpo e o Sangue do Redentor não estão mais separados, como haviam estado na Cruz. Estão novamente unidos porque Jesus está vivo. É o símbolo da Ressurreição.

Portanto, é ao Cristo Ressuscitado que vamos nos unir, através da *Comunhão*, para, em seguida, levar suas graças aos que nos cercam, ao universo que, usando as expressões do Santo Maximiliano Kolbe, anseia por ser "purificado".

Um dia, perguntaram a Padre Pio:
– No momento em que o senhor se une a Jesus na Santa Comunhão, o que devemos pedir a Ele para o senhor?
– *Que eu seja um outro Jesus. Totalmente Jesus. Sempre Jesus!* – respondeu o Padre.

E cada um de nós bem poderia pedir a mesma graça.

Afinal, acompanhamos passo a passo a Paixão de Jesus, em paralelismo com a Missa.

Quando Padre Pio terminava de celebrar sua Missa, ainda permanecia em oração de ação de graças por longos momentos, agradecendo ao Senhor por ter revivido o Mistério da Redenção, através de suas próprias mãos.

– *Encontro meu descanso sobre a Cruz!* – exclamava o Padre.

Frequentemente ouvimos certas pessoas dizerem:
– A Missa não me diz coisa alguma, não me modifica em coisa alguma!
– Já nem vou mais à Missa!

No entanto, se "vivermos" a Missa em profunda união com a Paixão de Cristo, sendo a Missa, como dissemos e repetimos, a reprodução, no sentido mais forte da palavra, desta Paixão, é certo que nos proporcionará muitas graças!

Participaremos com a nossa parte de Sofrimento e com a nossa parte de Amor.

A Missa seria uma festa?!

A Missa é a Cruz que nos é proposta. É o caminho para Deus. E é neste caminho para Deus que Padre Pio nos guia e nos conduz. *(Trad. "Padre Pio Testemunho de Deus" – Padre Jean Derobert – Ed. Hovine)*

Inicialmente, a Missa de Padre Pio costumava ser às quatro horas da manhã. Depois, passou a ser às cinco horas, por motivos óbvios de saúde e de idade do Padre Estigmatizado.

Padre Pio dormia muito pouco.

Podemos ler, no Diário do Convento de San Giovanni Rotondo, as seguintes anotações:

"Padre Pio acorda a uma hora da manhã e começa a se preparar para a celebração da Missa. Desce para a Sacristia às três e cinquenta."

De madrugada, já estava sentado em sua cadeirinha de braços, rezando o Rosário e se preparando para a Missa.

Ficava ansioso, perguntando as horas, mas no momento de entrar na Igreja e começar a celebração, demonstrava tranquilidade, embora seus passos lentos e pesados revelassem o início de sua Agonia, com Cristo.

Recitava as orações da Missa pausadamente, como que extraindo o sumo de cada palavra, com voz forte e solene. Contudo, à medida que se aproximava a Consagração, soluços e lágrimas embargavam-lhe a voz.

Certo dia Cleonice Morcaldi, sua filha espiritual, perguntou-lhe por que motivo chorava, durante a Missa, ao que Padre Pio respondeu:

– *Não consigo derramar apenas algumas lágrimas, e, sim, torrentes de lágrimas! Você não percebe o grande mistério da Missa?!*

De outras vezes, quando lhe faziam a mesma pergunta, Padre Pio respondia:

– *Choro por não poder levar todas as criaturas a Jesus Sacramentado!*

Maria Winowska, uma das grandes biógrafas do Padre, escreveu: "O semblante do Capuchinho, que minutos antes me parecia alegre e jovial, se transfigurava durante a celebração da Missa. Expressões de temor, júbilo, tristeza, agonia e pesar mesclavam-se e sucediam-se na fisionomia do Estigmatizado, na qual se podia perceber seus diálogos interiores... E de repente grossas lágrimas começavam a correr de seus olhos suplicantes. Seus ombros eram sacudidos por soluços, ombros arqueados como se estivessem sob o peso da cruz. Parecia não haver a menor distância entre Jesus e Padre Pio..."

Seria impossível assistir à Missa de Padre Pio apenas como espectador, sem participar e vivenciar todos os passos do Calvário, juntamente com ele.

Ao chegar o momento da Consagração, quase sempre o Padre demonstrava grande dificuldade em pronunciar as palavras sagradas de Cristo. Até neste momento Padre Pio sofria forte interferência diabólica.

Na Elevação da Hóstia e do Cálice, parecia perder a noção do tempo e penetrar na dimensão de Deus, onde o Tempo não existe...

Depois da Elevação, demorava-se na genuflexão, em adoração a Jesus, como se estivesse pregado ao chão.

Um dia, Padre Pio chegou a dizer ao nosso querido Padre Jean Derobert, seu "filho espiritual", que nada disso acontecia por sua livre e espontânea vontade, nada fazia propositalmente. Sentia-se como que impulsionado e movido por misteriosa força superior.

Nos primeiros anos de sua vida sacerdotal, a Missa de Padre Pio durava em torno de três horas.

No momento da Consagração, de sua total comunhão com Deus, Padre Pio como que "via" diante de si todas as pessoas que lhe haviam pedido orações e sua intercessão. E o Padre dizia a seus amigos que poderiam aproximar-se dele, no Altar, em união de espírito e de oração, pois ele os "veria" a todos.

Já nos anos cinquenta, a Missa de Padre Pio levava uma hora e meia nos dias de semana e duas horas e meia aos domingos.

Nos anos sessenta, a Missa levava apenas uma hora.

Em janeiro de 1968, Padre Pio recebia permissão para celebrar sentado e apoiar os cotovelos sobre o altar, na hora da Elevação. Ele não tinha mais forças para erguer os braços.

Quem assistisse à Missa de Padre Pio, uma única vez, se aperceberia de que ele era um Crucificado em Cristo Jesus. Era uma Missa viva, com sublimes momentos de dor e de amor, envolta em certo mistério, mas tão piedosa e tão concentrada que era impossível não participar intensamente da Paixão de Cristo "reatualizada" através de Padre Pio.

No momento da sua Comunhão, era o instante de perfeita união do Crucificado do Céu com o crucificado da terra. Silêncio, recolhimento, êxtase, colóquios, preces, orações e louvores. Jesus abraçava Padre Pio ou Padre Pio abraçava Jesus... Ninguém sabia!

Na hora da Comunhão dos fiéis, quando os devotos e os "filhos espirituais" de Padre Pio se aproximavam da Mesa Eucarística, era o momento do encontro afetuoso entre Pai e Filhos, ou melhor, era o momento em que Padre Pio apresentava seus "filhos espirituais" ao Pai Celeste, feliz por vê-los participar da Ceia do Senhor. Muitos deles vencendo tentações e lutas interiores, sugestões diabólicas, para chegarem até àquele instante de comunhão com Deus. Certamente Padre Pio os desculpava a todos, perante o Pai, invocando a suprema Misericórdia Divina sobre todos eles.

– No momento da Comunhão, Jesus não o consola? – perguntou-lhe um de seus "filhos espirituais".

– *Sim, mas continuamos na Cruz,* – respondeu o Padre.

E a um outro "filho espiritual" afirmou:

– *Se as pessoas conhecessem verdadeiramente o valor de uma Missa, seria preciso colocar guardas e soldados na porta das Igrejas, para controlar as multidões que se juntariam!*

Quantas vezes Padre Pio terá se oferecido a Deus em "substituição mística", para tomar sobre si os pecados e os sofrimentos do mundo?! A resposta vamos encontrar no Evangelho de São Marcos (1, 45): *"E de toda a parte vinham procurá-lo."*

E Padre Pio, como Jesus, não se poupava e nem se abstinha de receber todos os que o procuravam, sem se permitir dias de descanso ou de férias.

– *Não sei negar-me a ninguém. E como poderia fazê-lo, se o próprio Jesus assim o quer e nada me nega do que lhe peço?!* (Epistolário de Padre Pio –Vol. 1 – Pág. 906).

Eis uma das mais belas promessas de Padre Pio. Eis a prova de sua poderosa intercessão.

Padre Pio nunca escreveu livros, nunca fez homilias ou pregações de efeito. Evangelizava através de seus aconselhamentos, de seus exemplos, de suas atitudes e especialmente pelo manancial de ensinamentos que jorram de seu Epistolário: cartas dirigidas aos seus "filhos espirituais", aos seus Diretores Espirituais, narrando-lhes, por obediência, os fatos extraordinários e a fenomenologia decorrentes de seus carismas. E só assim podemos beber dessa "fonte de água viva" que transborda de Padre Pio e que tanto facilita nossa compreensão da Missa e insiste na nossa assistência à Missa, onde, certamente, ele nos espera a cada domingo.

– *Ao assistir à Santa Missa, renova a tua fé. Mantém teu pensamento erguido ao mistério que vai se desenrolando diante de teus olhos. Deixa que tua mente te conduza até o Calvário e pensa e medita sobre a Vítima que se oferece à justiça divina, pagando o preço da tua Redenção* – dizia Padre Pio.

CASA ALÍVIO DO SOFRIMENTO

Nos anos que se seguiram ao término da II Guerra Mundial, Padre Pio se preocupava muito com o povo pobre e sofredor do pós-guerra.

Eram doentes de famílias empobrecidas pelo grande conflito mundial e o Padre se compadecia daquela multidão carente que o procurava para pedir ajuda, sobretudo para tratamento de saúde. *"Ao ver a multidão, (Jesus) teve compaixão dela, porque estava cansada e abatida, como ovelhas sem pastor."* (Mt. 9/36)

Padre Pio também se preocupava muito com o fim de vida dos sacerdotes seculares, por ficarem, em sua grande maioria, sem teto, aposentados, idosos, doentes e sem recursos para tratamento médico, quanto mais para se abrigar numa casa geriátrica.

Foi quando o Sacerdote Estigmatizado teve a inspiração de construir um hospital que atendesse às necessidades mais urgentes do povo, não só da região do Gargano, como de toda a Itália e do mundo inteiro.

"Deus é caridade..." e Padre Pio, tão "possuído por Deus" não poderia deixar de trazer em si essa força do amor ao próximo, de ir ao encontro das necessidades da população pobre, de saúde precária e sobretudo necessitada de cuidados médicos.

Não queria um hospital filiado a instituições governamentais e sujeito à burocracia. Seria um hospital gratuito e aberto a qualquer tipo de pessoa.

Mais tarde haveria uma ala para padres idosos e aposentados, além de uma para crianças deficientes.

O hospital seria construído com donativos de seus devotos, seus fiéis e seus amigos do mundo inteiro.

Era, sem dúvida, um projeto audacioso, pois se baseava apenas no espírito de caridade do ser humano, em benefício de outros seres humanos menos favorecidos.

De toda a maneira, Padre Pio resolveu confiar seus planos ao Senhor e a três amigos mais chegados: Mario Sanvico, industrial de Perugia, Doutor Gulielmo Sanguinetti, médico, e Pietruccio Cugino, um cego, amigo do Padre.

Os três amigos de Padre Pio ficaram entusiasmados com a ideia. Imediatamente comunicaram a bela inspiração a outros de seus amigos e todos juntos se puseram em campo para dar início ao verdadeiro "Monumento à Caridade" que se esboçava.

Reuniram-se Sanvico e Sanguinetti, constituíram-se em comissão e lavraram a ata da criação da Obra.

Em seguida foram ao Convento, a fim de pedir ao Padre Pio que abençoasse o plano. O Padre, emocionado, disse-lhes:

— *Na tarde de hoje tem início a minha obra terrena. Abençoo aos que colaborarem nesta Obra que* será *cada vez maior e mais bela!*

Em seguida, tirando do bolso de seu hábito uma minúscula moedinha de ouro, declarou:

— *Eis aqui o primeiro donativo!*

Esse primeiro donativo, que fora recebido por Padre Pio, teve sabor de Evangelho... Viera de uma velhinha desconhecida, que procurara o Padre para lhe oferecer um donativo. Tratava-se de uma minúscula moeda de ouro, equivalente a dez francos.

A princípio, Padre Pio ficou muito constrangido em aceitar,

argumentando que a pobre senhora poderia vender a moeda para seu sustento. Ao que a humilde velhinha respondeu:

– Eu compreendo, Padre Pio, o senhor não querer aceitar meu donativo. É uma moeda insignificante, mas é tudo o que tenho...

Imediatamente Padre Pio aceitou o valioso donativo. Era a oferta da viúva do Evangelho:

"...De fato, eu vos digo que esta pobre viúva deu mais do que todos... na sua penúria, ofereceu tudo o que possuía..." (Lc. 21/2,4)

No dia 19 de maio de 1947, Padre Pio abençoava a pedra fundamental do hospital, ou melhor, da "Casa Sollievo della Soferenza", isto é, "Casa Alívio do Sofrimento". Padre Pio não queria que se chamasse hospital, clínica ou casa de saúde. Insistia que fosse um local "de oração e de ciência", onde em cada doente deveria ser reconhecido o próprio Jesus.

– *Deverá ser como uma cidade hospitaleira, tecnicamente adequada sempre às mais avançadas exigências da medicina* – explicava Padre Pio. – *E onde o gênero humano se encontre em Cristo Crucificado, constituindo um só rebanho e um só pastor.*

A inauguração da Casa se deu a 5 de maio de 1956, com a bênção do Papa Pio XII através de um telegrama lido pelo Padre Benigno, Ministro-Geral da Ordem dos Capuchinhos:

"Por ocasião da inauguração da "Casa Alívio do Sofrimento", em San Giovanni Rotondo, o Sumo Pontífice se rejubila pela Obra de alto senso evangélico e de caridade. Invoca copiosa e solene efusão de graças divinas sobre o início e a continuação crescente de seus piedosos objetivos e atividades, enviando, de coração solícito, aos promotores, dirigentes e assistidos sua consoladora e paterna Bênção Apostólica."

Em seguida, tomou a palavra o Cardeal Lercaro, num belíssimo discurso no qual citou as palavras da Liturgia da Quinta-Feira Santa: "Onde há caridade e amor, aí está Deus." E pediu licença para tirar uma outra lição da mesma frase: "Onde está Deus, está a caridade e o amor."

Ao Cardeal Lercaro seguiu-se o discurso de Padre Pio, uma das únicas vezes em que o Sacerdote Estigmatizado falou em público:

– *A Casa Alívio do Sofrimento está pronta com a ajuda de todos e eu lhes apresento esta obra da Providência Divina.... para que louvem, comigo, ao Senhor Deus.*

Foi depositada na terra a semente que Ele frutificará com seus eflúvios de amor. Uma nova milícia, constituída de renúncias e de amor, está para eclodir, para a glória de Deus e para consolo das almas e dos corpos enfermos... Colaborem com este apostolado de alívio do sofrimento humano e com a Caridade divina que não conhece limites...

... Essa obra encontra-se no começo de sua existência. Mas, para crescer e se tornar adulta, precisa alimentar-se... e continuamos a recomendá-la à generosidade de todos, a fim de que não corra o perigo do esmorecimento e estagnação...

...Uma etapa do caminho já foi vencida. Não afrouxemos o passo. Respondamos, solícitos, à chamada de Deus para a causa do bem comum e que cada um cumpra o seu dever: eu, como servo inútil de Nosso Senhor Jesus Cristo, com incessantes preces; vocês, conduzidos pelo ideal de abraçar toda a humanidade sofredora e apresentá-la, juntamente comigo, à Misericórdia do Pai Celeste... numa atuação iluminada pela Graça, com a liberalidade, com a perseverança no bem, com a retidão de intenções...

... Avante, pois, em humildade de espírito e com o coração ao Alto. Que o Senhor abençoe quem trabalhou, quem trabalha e quem vier a trabalhar nesta Casa, e recompense, ainda nesta vida, milhares de vezes, em dobro, a todos e às suas respectivas famílias, recompensando-os com a alegria eterna na outra vida.

Desejamos que, no Céu, a Santíssima Virgem Maria das Graças e nosso Seráfico Pai São Francisco e, na terra, o Vigário de Cristo, o Sumo Pontífice, que todos eles intercedam para alcançarmos as graças solicitadas...

E no dia 6 de maio de 1956, dirigindo-se aos médicos, Padre Pio disse-lhes:

– *A missão de vocês é de curar o doente: mas, se não levarem amor ao leito dos enfermos, creio que os remédios não farão grande efeito... Levem Deus aos doentes, pois isto lhes valerá muito mais do que qualquer outro tratamento!*

Em seguida, abençoando um ambulatório, concluiu:

– *Lembrem-se de que isto é uma obra de caridade e para trabalhar aqui é preciso o espírito em Deus.*

Padre Pio, que tanto sofrera, voltava-se justamente para seus irmãos sofredores, numa arrojada tentativa de minorar--lhes o sofrimento.

E esta Casa Alívio do Sofrimento atravessa os tempos, cada vez mais bem equipada, mais ampliada e mais modernizada. Hoje em dia, é considerada um dos melhores centros médicos da Itália.

Testemunho vivo da caridade e do amor à humanidade de um Sacerdote Estigmatizado, que se qualificava como *"apenas um frade que reza"*, é chamada, por seus devotos, a Catedral da Caridade.

Padre Pio rezava muito não só pelo bom funcionamento do hospital, como também pela cura de todos os doentes ali internados.

No dia da inauguração da Casa, o Padre irradiava felicidade, transbordava de alegria, em Deus.

E cumpre-nos assinalar que uma de suas poucas fotos em que se mostra sorridente foi tirada justamente no dia da inauguração da Casa Alívio do Sofrimento, dia da realização do seu grande sonho de caridade.

GRUPOS DE ORAÇÃO DE PADRE PIO

Desde seus tempos de criança, o futuro Padre Pio já sonhava em organizar Grupos de Oração, quando rezava o Rosário com sua família, junto à lareira.

Mais tarde, depois de ordenado sacerdote, reconhecia a força da oração em conjunto, tendo sempre em mente as palavras de Jesus: *"Em verdade vos digo: se dois de vós estiverem de acordo na terra sobre qualquer coisa que queiram pedir, isso lhes será concedido por meu Pai que está nos céus. Pois, onde dois ou três estiverem reunidos em meu nome, aí estou eu no meio deles."* (Mat. 18/19,20).

Em 1914, numa carta a uma de suas "filhas espirituais", Padre Pio já mencionava seus planos de criação de Grupos de Oração que deveriam ser um testemunho de verdadeira "vida cristã", movidos por "oração constante" pela realização do conteúdo essencial do Pai Nosso, no mundo e para o mundo.

– *O que falta à humanidade é a oração!* – repetia sempre Padre Pio, como se fosse o eco das palavras de Jesus:

"Sem mim, nada podeis fazer!" (Jo. 15/5)

E o ponto de partida para a formação dos Grupos de Oração foi dado pelo Papa Pio XII, em suas exortações aos católicos, entre 1942 e 1943.

"... Atualmente, quando se acirra a luta entre o bem e o mal, não podemos contar apenas com os fiéis que se aproximam da Eucaristia

somente uma vez por ano. Precisamos cerrar fileiras... junto à mesa da Comunhão... A oração é a arma mais forte, a arma invencível contra todos os perigos e ataques desse mundo, pois, se Cristo parece dormir, seu coração está sempre em vigília, através de seu amor, de sua fidelidade, de sua onipotência, mantendo-se de pé e andando sobre as águas revoltas da tormenta, dominando ventos e tempestades no momento conveniente e coincidente com nossas invocações. Não há que temer, há que rezar."

O Papa previa o paganismo que invadiria o mundo, pois a destruição da guerra havia atingido muito mais os corações e as almas do que propriamente as casas e os edifícios.

"A oração, além de remédio, é a força e a vida da Igreja", advertia o Santo Padre Pio XII. *"...É preciso que se formem grupos de fiéis de todas as classes sociais, desde que consigam se libertar do respeito humano e estejam dispostos a conduzirem a vida segundo os mandamentos de Deus."*

O Papa convidava os fiéis a rezar, pois *"a oração é a chave do coração de Deus... é a arma do bem contra o mal."*

Ao fim da II Guerra Mundial, quando os fiéis acorriam a Padre Pio, perguntando o que deveriam fazer para melhorar suas próprias condições de vida de um pós-guerra difícil e sofrido, em todos os sentidos, Padre Pio respondia a todos:

– *Obedeçamos ao Papa e formemos Grupos de Oração.*

Padre Pio era muito estimado pelo Papa Pio XII, que lhe dedicava especial afeição paternal, ao que Padre Pio correspondia com sua obediência incondicional, bem como com seu afetuoso amor filial.

Do momento em que Padre Pio soube do apelo do Papa sobre Grupos de Oração, conclamou seus "filhos espirituais" do mundo inteiro a atenderem, em uníssono com ele, ao apelo do Pontífice, declarando:

"Quando meus filhos espirituais se reunirem em grupos de oração, Jesus estará no meio deles, a Mãe de Jesus estará presente e eu também estarei presente, em espírito e em união de oração."

Portanto, os Grupos de Oração de Padre Pio foram criados em obediência ao apelo do Papa, orientados pelo próprio Padre Pio.

Certa vez, o Padre Alberto D'Apolito, filho espiritual do Sacerdote Estigmatizado, perguntou-lhe:

– Instituindo os Grupos de Oração, o que, na realidade, o senhor tinha em mente?

Padre Pio sorriu e respondeu:

– *Levar almas ao Senhor... induzi-las a rezar... a rezar em conjunto... a rezar com Jesus... Mas, convidando as almas a rezarem juntas, como Jesus quer, isto certamente desagrada a Satanás que logo mete a cauda. Peço a todos que participam destes Grupos que procurem levar uma vida cristã, tanto na própria família quanto na sociedade, praticando a caridade fraterna, dedicando-se às obras de benemerência e principalmente conservando a submissão e a obediência absolutas à Igreja, segundo nosso espírito franciscano.*

É ainda Padre Alberto D'Apolito quem nos transmite outras recomendações de Padre Pio a respeito dos Grupos de Oração:

"Estejam atentos para que os Grupos de Oração não estejam sujeitos aos enganos da falsa piedade, do fanatismo e da reação às Autoridades religiosas. Tenham um Sacerdote para assisti-los, porque só um sacerdote pode garantir a união com a Igreja."

E Padre Pio insistia que a oração, sem a prática da caridade, seria estéril e vazia.

Se os Grupos de Oração de Padre Pio não forem constituídos por verdadeiros cristãos, no sentido de adesão incondicional à vontade do Pai, obediência total às Leis de Deus e da Igreja, serão apenas grupos de fanáticos.

– *Nunca se cansem de rezar* – *dizia Padre Pio.* – *Isto é o essencial. A oração faz violência ao coração de Deus, obtém graças. É a melhor arma que possuímos. E é a força da união de todas as boas almas que move o mundo, que renova as consciências, que consola os que sofrem, que cura os doentes, que santifica o trabalho, que propicia a força moral e a resignação cristã aos sofrimentos da humanidade, que espalha o sorriso e as bênçãos de Deus sobre o desânimo e as fraquezas.*

Os Grupos de Oração de Padre Pio, além de sua função evangelizadora, devem ser constituídos por pessoas orantes, humildes, dóceis às leis do Senhor, capazes de amar a Deus em lugar dos que não O amam. Devem se reunir para rezar o Terço, se possível o Rosário, rezando pelo Santo Padre, o Papa, o que certamente coincide com as intenções da Igreja, rezando uns pelos outros, pelos que não rezam e em lugar dos que não rezam.

No dia 31 de julho de 1968, praticamente dois meses antes de sua morte, Padre Pio teve uma das maiores alegrias de sua vida: o reconhecimento oficial pela Santa Sé dos Grupos de Oração de Padre Pio.

E novamente é o filho espiritual de Padre Pio, Padre Alberto D'Apolito, quem, em seu livro "Padre Pio de Pietrelcina", nos relata uma visão simbólica de Ventrella Vittoria, cega, alma consagrada ao Senhor e sob a direção espiritual de Padre Pio,

Ventrella Vittoria, ao se recolher para dormir, foi surpreendida por uma espécie de sonho, ao mesmo tempo que se sentia desperta, como que diante de uma visão. Via um céu radioso, onde aparecia um sacerdote vestido com riquíssimos paramentos, rebordados com pérolas e pedras preciosas. E na fisionomia do sacerdote, Ventrella reconheceu o rosto de Padre Pio que resplandecia como o sol e de onde se desprendiam raios luminosos, em todas as direções, perdendo-se no infinito.

Estes raios luminosos eram formados por pequeninas rosas brancas e vermelhas. E foi esse detalhe que causou mais estranheza a Ventrella Vittoria.

No dia seguinte, Ventrella foi de manhã bem cedo ao Convento, em companhia de sua irmã, para contar tudo a Padre Pio.

Padre Pio já estava no Confessionário, mas, ao vê-la entrar na Igreja, mandou chamá-la.

– Padre Pio, não vim para me confessar – disse-lhe Ventrella.

– *Eu sei, veio para me contar o que viu esta noite* – respondeu-lhe o Padre.

– Sim – continuou Ventrella – mas devo acreditar no que vi, ou foi apenas um sonho?

– *Você ainda tem dúvidas?* – disse o Padre.

– Mas, o que é que significam aqueles raios luminosos, formados por milhares e milhares de pequeninas rosas brancas e vermelhas, partindo do senhor? – indagou Ventrella.

– *Os raios luminosos significam os Grupos de Oração que se difundem pelo mundo inteiro. As rosas brancas representam as almas que se esforçam por viver na graça de Deus, no amor de Deus e na caridade fraterna. As rosas vermelhas representam as almas que carregam com alegria a cruz dos sofrimentos e, unidas a Jesus e a mim, colaboram na conversão dos pecadores e na salvação dos irmãos.*

Nessa explicação de Padre Pio, ele nos dá a entender que todas as pessoas que ingressarem em seus Grupos de Oração, mesmo depois de sua morte, tornar-se-ão seus "filhos espirituais".

Padre Pio seguidamente afirmava que os Grupos de Oração deveriam ser como "faróis de luz e de amor" em meio às trevas dos erros, da violência, da confusão de ideias que devasta a sociedade e a Igreja. Sua finalidade é, antes de mais nada, a glória de Deus e a santificação das almas.

Se vivemos nas sombras da corrupção, da total inversão de valores, se a incerteza do amanhã nos assombra, é porque perdemos o contato com Aquele que é o Caminho, a Verdade e a Vida, e não um dos caminhos, uma das verdades ou uma das vidas. *"Quem me segue, não caminha nas trevas"*, disse Jesus. (Jo. 8/12).

Um dia, quando estivermos diante de Deus, certamente compreenderemos a preciosidade que representa a oração, a necessidade vital e a força desta oração dos Grupos de Padre Pio.

– *Trata-se do grau mais elevado de apostolado que uma alma possa realizar pela Igreja* – afirmava Padre Pio, referindo-se à participação de uma pessoa num Grupo de Oração.

Na véspera de sua morte, ao celebrar sua última Missa diante do IV Convênio Internacional de Grupos de Oração, realizado em San Giovanni Rotondo, as últimas orações de Padre Pio foram justamente para os Grupos de Oração do mundo inteiro, representados pelos participantes do Congresso.

Como Jesus, vivendo seus últimos momentos nesta terra, Padre Pio preocupava-se com seus "filhos espirituais".

Ao fim da Missa, ao término do Sacrifício do Calvário, a voz de Padre Pio, já muito enfraquecida, ao pronunciar a bênção final, lembrava as últimas palavras de Jesus, na Cruz: *"Tudo está consumado!"*.

Em seguida, Padre Pio teve um desfalecimento. Foi amparado por dois de seus confrades mais próximos: Nicodemos e José de Arimateia, descendo Jesus da Cruz?!

Ou era o próprio Jesus e sua Mãe Santíssima, amparando e conduzindo Padre Pio para a casa do Pai?!

Ninguém sabia...

FREI MODESTINO FUCCI DE PIETRELCINA

Não seria possível falar em Grupos de Oração de Padre Pio, em suas promessas aos seus participantes e em suas bênçãos, sem mencionar Frei Modestino de Pietrelcina, a quem Padre Pio delegou sua bênção, depois que não estivesse mais neste mundo.

Frei Modestino é encarregado da Portaria do Convento de San Giovanni e todas as noites, às nove horas (horário da Itália), ele reza um Terço junto ao túmulo de Padre Pio, nas intenções de todos os que lhe pedem orações e que se dispuserem a rezar em união espiritual com ele.

No corredor que conduz à portaria propriamente dita, formam-se filas intermináveis de peregrinos e devotos de Padre Pio, para pedir a bênção e as orações de Frei Modestino.

Todo mundo sabe que ele tem um Crucifixo que lhe foi dado pelo Padre e com o qual ele abençoa os fiéis, em nome de Padre Pio. Possui também um Terço que pertencia ao Padre e que ele lhe deu, na véspera de sua morte, bem como uma das luvas que o Sacerdote Estigmatizado usava.

Falando metade em italiano, metade em dialeto, Frei Modestino consegue entender e se fazer entender por todos, sempre com o telefone ao ouvido, pois pessoas do mundo inteiro recorrem a ele, para lhe confiar seus problemas, seus sofrimentos e suas enfermidades, suplicando-lhe sua valiosa intercessão junto a Padre Pio.

Os pais de Padre Pio e os pais de Frei Modestino tinham sido vizinhos, em Pietrelcina.

A família Fucci e a família Forgione eram amigas incondicionais.

Terminada a II Guerra Mundial, o soldado Fucci, nome secular de Frei Modestino, voltara ao seu trabalho de eletricista, em Pietrelcina, sua cidade natal.

De repente, sentiu um chamamento de Deus para que se tornasse sacerdote beneditino.

Como sempre, tratava-se de uma decisão difícil e Fucci não conseguiu entender o sentido das palavras de Padre Pio, ao lhe contar sua súbita vocação.

– *Meu filho, se queres mesmo ir para o Convento Beneditino de Roma, então vá... porém não terás a minha bênção!*
– dissera-lhe Padre Pio.

Sem entender o significado daquelas palavras, porém movido pela vontade de não contrariar o Padre, Fucci comunicou-lhe seu desejo de entrar para a Ordem dos Franciscanos Capuchinhos de Morcone, recebendo, então, a sua bênção e o seu abraço comovido.

Decorrido algum tempo, Frei Modestino entendeu tudo, quando chegou a notícia de um massacre, ocorrido no Convento Beneditino de Roma. Um bando de ladrões assassinos assaltou o Convento, matando o Abade e o porteiro.

Frei Modestino ia frequentemente visitar Padre Pio, no Convento de San Giovanni Rotondo, e sentia-se muito honrado em ser seu "filho espiritual".

Padre Pio, trinta anos mais velho do que Frei Modestino, tinha um carinho paternal para com o seu conterrâneo, não escondendo sua alegria em revê-lo e conversar com ele, quando o recebia.

Pensando justamente na graça divina de ser dirigido espiritualmente por Padre Pio e de ser seu "filho espiritual", arriscou um pedido ao Sacerdote Estigmatizado:

– Padre Pio, há pessoas que não podem vir até aqui, para se confessar com o senhor e serem adotadas como seus "filhos espirituais". Pensei então numa solução, se for de seu agrado e se o senhor me permitir...

– *Em que consiste o que deseja me pedir?* – perguntou-lhe paternalmente Padre Pio.

– Gostaria de assumir como seus "filhos espirituais" todos aqueles que se comprometessem a rezar um terço por dia e, de tempos em tempos, mandassem celebrar uma Santa Missa em suas intenções – disse Frei Modestino.

Padre Pio, abrindo os braços e erguendo-os aos céus, exclamou:

– *E achas que eu poderia renunciar a este grande benefício? Faça o que me pede e eu te assistirei!*

De outra vez, Frei Modestino perguntou-lhe:

– Padre, o que devo dizer aos seus "filhos espirituais"?

– *Diga-lhes que hei de animá-los sempre, para que sejam perseverantes na oração e na prática do bem!* – respondeu o Padre.

Ainda de uma outra vez:

– Padre Pio, seus "filhos espirituais" já são muito numerosos... Devo deixar de aceitar outros?

– *Meu filho, aumenta sempre mais, o quanto puderes, o número desses "filhos", pois eles serão muito mais beneficiados, diante de Deus, do que eu!* – concluiu Padre Pio.

Nos primeiros dias do mês de setembro de 1968, Padre Pio manda um recado para Frei Modestino, por um confrade: –*Diga ao Frei Modestino que lhe darei uma bela coisa, quando ele vier a San Giovanni!*

No dia 20 de setembro de 1968, em uma reunião internacional de Grupos de Oração de Padre Pio, Frei Modestino foi a San Giovanni.

Depois de ter celebrado a Santa Missa Solene, na presença do Padre Onorato Marcucci e do Padre Tarcisio da Cervinara, Frei Modestino dirigiu-se ao Padre Pio, que o abraçou longamente e, em seguida, retirou do bolso o Terço que o acompanhava por toda a parte, colocando-o nas mãos de Frei Modestino, com seu olhar penetrante que parecia lhe dizer:

– *Confio a ti o Rosário para divulgá-lo e difundi-lo entre os meus "filhos"!*

Hoje, depois de sua morte, os "filhos espirituais"de Padre Pio são incontáveis. E esta família espiritual do Estigmatizado do Gargano reúne-se diariamente, em espírito, às 21 horas, diante do túmulo de Padre Pio, para a reza do Terço. E unidos por essa doce cadeia que leva todos a Deus, através das orações a Nossa Senhora, os "filhos espirituais" de Padre Pio estarão sempre sob a sua proteção, obtendo graças pela sua intercessão poderosa. A prova disso é o número sempre crescente dos telefonemas que recebe Frei Modestino, para agradecer as incontáveis graças alcançadas.

Ainda naquele mesmo dia, Padre Pio sussurrou aos ouvidos de Frei Modestino:

– *Meu filho, reza por mim!*

Ao que Frei Modestino apressou-se em responder:

– Pai Espiritual, sou eu quem devo lhe pedir orações!...

– *O julgamento de Deus é severo!*– disse-lhe Padre Pio.

Em maio do ano seguinte, Frei Modestino foi definitivamente transferido para San Giovanni Rotondo.

– Mesmo já tendo morrido, eu sentia Padre Pio mais vivo do que nunca! – afirmava ele.

Frei Modestino foi convocado para testemunhar, catalogar e colocar em exposição as roupas e os objetos de uso pessoal do Estigmatizado.

Ali estavam, em suas mãos humildes, toda a grandeza da missão salvífica de Padre Pio neste mundo: as camisas manchadas do sangue da flagelação, as mitenes impregnadas do sangue que jorrava das chagas de suas mãos, as meias encharcadas do sangue das chagas dos pés e o coração traspassado de Padre Pio, presente nas recordações eternas de Frei Modestino, "filho espiritual" e herdeiro-depositário das promessas e bênçãos do Padre.

MILAGRES

" O pior insulto que podemos fazer a Deus é duvidar dele." (Padre Pio)

Os milagres, por intercessão de Padre Pio, têm sabor de Evangelho.

Seriam a confirmação de Cristo presente em Padre Pio, em todos os seus pensamentos, palavras, atos e obras de sua vida terrena.

Poder-se-ia dizer que eram duas vidas superpostas.

E desta união perfeita com Jesus, Padre Pio deixava transparecer aquela luz que *"resplandece nas trevas"* (Jo.1/6), que ilumina o caminho dos perfeitos representantes de Cristo na terra.

Em milhares de conversões, de curas e de toda a sorte de graças alcançadas por intercessão do Beato Padre Pio de Pietrtelcina, não nos é difícil concluir que, em sua missão amplamente cumprida, o Sacerdote Estigmatizado é um farol que reflete a luz divina para o mundo.

"Vós sois a luz do mundo!... Não se acende uma luz e se coloca debaixo do alqueire, mas no candelabro e assim ela brilha para todos os que estão em casa. Brilhe do mesmo modo a vossa luz diante dos homens para que, vendo as vossas boas obras, eles glorifiquem o vosso Pai que está nos céus." (Mt. 5/14,16).

Bem sabemos que a santidade não consiste e nem reside em dons e carismas, e, sim, na graça santificante e na prática das virtudes em grau de heroísmo.

E Padre Pio, como todos os santos, foi julgado por suas virtudes heroicas em seu processo de Beatificação e mais tarde de Canonização.

Seu amor ao próximo, seu espírito de caridade e sua ânsia em minorar o sofrimento alheio, extravasavam na dedicação e na paciência com que acolhia seus irmãos sofredores, vendo, em cada um deles, o Cristo sofredor. Escolhia o "remédio" de acordo com o que "via" na alma de cada um, graças ao seu carisma de perscrutação de corações.

Rezava pelo próximo ininterruptamente. Não titubeava em oferecer seus sofrimentos e nem economizava seus dons em benefício de seu irmão necessitado. Não hesitava em "empurrar" quem estivesse em cima do muro, a fim de favorecer uma definição ou uma decisão por Deus, mesmo que seu "empurrão" causasse algum susto ou arrancasse algumas lágrimas dos mais resistentes. Sabia que essa "resistência" não vinha de Deus. Vinha de um "ego" indomável ou do orgulho inoculado pelo demônio. Só as almas verdadeiramente humildes aceitam a vontade de Deus.

Padre Pio era natural do sul da Itália, portanto, um meridional desassombrado e de temperamento forte. E no dizer de seus "filhos espirituais", "o remédio do Padre é forte..." Quando julgava necessário "acordar" alguém do sono do indiferentismo ou impedir alguma zombaria ou brincadeira inoportuna com "as coisas de Deus", era capaz de "esquentar" a face dos "mornos" com um par de sonoros tabefes... de leve, muito mais de efeito moral do que por agressão.

E assim se justificava, como autêntico pai extremoso: *"Quando for preciso, posso até dar uns tabefes em meus "filhos espirituais"... Mas, cuidado, quem puser a mão neles!"*.

Ao mesmo tempo que Padre Pio não se negava a rezar e a interceder junto a Deus por seus "filhos espirituais" e seus devotos, atraía para Deus muitas almas que não conhecia, ou que ainda não o conheciam.

Certa vez, começamos a rezar insistentemente a Padre Pio pela saúde física e espiritual de uma pessoa muito chegada a nós, que tinha sido operada em Brasília, mas com quem não tínhamos muita convivência. Era um homem altamente inteligente, de caridade fácil e bom coração, porém inteiramente afastado da religião. Mas, se alguém lhe perguntasse se tinha religião, respondia que era católico.

Decorrido algum tempo, a pessoa veio para o Rio de Janeiro e, sem ter o menor conhecimento sobre Padre Pio e muito menos sobre nossas orações em sua intenção, disse-nos:

– Acho que estou ficando realmente velho e esclerosado... Imaginem que estava em meu quarto de hotel, arrumando a mala para viajar para cá, quando comecei a sentir um forte perfume de rosas. Revistei o quarto todo, o banheiro, os armários, procurando pela origem do perfume e nada encontrei que justificasse o intenso e agradabilíssimo aroma de rosas naturais, como se estivessem ao meu lado. Examinei também minhas roupas, meus pertences e o perfume persistia. Depois de algum tempo, o perfume foi diminuindo até desaparecer. Como é que se explica uma coisa dessas?!

Ficamos estarrecidos, pois tudo indicava a presença de Padre Pio junto àquela alma por quem estávamos suplicando saúde física e espiritual.

E resolvemos falar sobre Padre Pio, contando resumidamente a sua história e sobretudo explicando o carisma dos perfumes que enviava em vida, continuando depois da morte, como sinal de sua presença.

E daí por diante a pessoa passou a se interessar muito por Padre Pio, ouvindo atentamente o que lhe contávamos a respeito. Continuava afastado da religião, mas ficara "amigo" de Padre Pio.

    Quando adoeceu gravemente e foi internado, frequentemente voltávamos a lhe falar do Padre, sem coragem, no entanto, de falar na visita de um sacerdote e muito menos na Unção dos Enfermos.

    Confiávamos nossas preocupações a este respeito à nossa inesquecível amiga Maria Regina Vômero, até que um dia ela nos telefonou às sete horas da noite, para nos oferecer a visita de Frei Otávio, da Igreja de Nossa Senhora da Paz, para levar a Unção dos Enfermos ao doente.

    O doente era meu pai.

    Sentia-me cansada, depois de passar o dia com ele no hospital, de onde acabara de chegar. Estava sem coragem de pegar um táxi, de voltar ao hospital, e justamente na hora em que meu marido deveria chegar para jantar.

    Tinha deixado meu pai relativamente bem. Havíamos conversado bastante e ele estava completamente lúcido.

    Aparentemente, não corria risco imediato de vida.

    Entretanto, por insistência de Maria Regina, pela boa vontade de sua amiga, Yara Rolim Morais, em conduzir o sacerdote em seu carro, o que ela fazia como apostolado, concordei.

    Chegamos juntos ao hospital. E eu me apressei a tentar explicar ao Frei Otávio que meu pai estava há muito tempo afastado da religião e que não gostava de padres, com raríssimas exceções, como no caso de Padre Pio.

    Confessei a Frei Otávio o medo que tinha de meu pai correr com ele de dentro do quarto, ao que Frei Otávio, compreensivo e bondoso, disse-me que estava muito acostumado com as diversas reações desse tipo de pessoas e que eu não me preocupasse.

No entanto, eu continuava preocupadíssima. Pedia ao Padre Pio que mantivesse meu pai calmo, para aceitar a visita do sacerdote, a Unção dos Enfermos e nem sei mais quanta coisa eu pedia.

— Aqui está Frei Otávio — disse eu, ao entrarmos no quarto de meu pai. E no mesmo instante tive a inspiração de chamar a atenção para o hábito de franciscano que Frei Otávio nunca deixara de usar e que seria o traço de união entre ele e a figura de Padre Pio que meu pai já tão bem conhecia das fotografias e que não me cansava de lhe apresentar.

— Ele é da mesma congregação de Padre Pio, é muito devoto dele e veio te fazer uma visita e te dar uma bênção!

— Muito prazer — disse meu pai, amavelmente.

— Eu vou lá para fora — continuei — para vocês terem mais liberdade de conversar.

E saí do quarto sem olhar para trás, com medo de ser interpelada por meu pai.

No corredor me esperavam Maria Regina e Yara, que me convidaram para rezar um terço enquanto esperássemos.

Eu não tirava os olhos da porta do quarto, esperando ver Frei Otávio sair correndo a qualquer momento.

A demora da visita estava a nosso favor. Então meu pai não o havia rejeitado. E nós continuávamos a rezar o terço e tudo indicava que Nossa Senhora estava ouvindo nossas orações, por intercessão de Padre Pio.

Finalmente, Frei Otávio saiu do quarto, calmo e sorridente.

Corri ao seu encontro e ele foi logo me acalmando:

— Foi tudo muito bem, minha filha! Seu pai é um homem muito fino, recebeu-me muito bem. Confessou-se, recebeu a santa comunhão, a Unção dos Enfermos e, quando lhe perguntei se já havia sido crismado, ele me respondeu negativamente. Perguntei-lhe se queria ser crismado naquele momento e ele concordou. Foi também crismado.

Ouvi aquele precioso relato com grande emoção, agradecendo a Frei Otávio. Impulsivamente voltei ao quarto de meu pai. Ele estava calmo, sorridente e me disse:

– Gostei muito deste padre, minha filha!

Eu não conseguia acreditar no que via e ouvia.

Não conseguia agradecer suficientemente à Maria Regina e à Yara, sem mencionar a dívida eterna de gratidão para com Frei Otávio.

Ao chegar a minha casa, telefonei para meu irmão e lhe contei o que se passara.

– É impossível! – disse-me ele. – Papai recebeu a visita de um padre?! Não acredito! Vou até o hospital!

E na volta de sua visita, meu irmão me telefonou para me dizer que encontrara nosso pai muito bem, muito calmo, dizendo-lhe:

– Hoje sua irmã me trouxe aqui um padre muito bom! Gostei muito dele!

Tudo isto se passou na noite de uma quinta-feira.

No dia seguinte, sexta-feira, quando cheguei ao hospital para passar a tarde, encontrei meu pai inconsciente, em estado de pré-coma.

E no dia seguinte, isto é, no sábado, entrou em coma profundo e à tarde do mesmo sábado, falecia.

Portanto, sua última noite consciente havia sido a que recebera a visita do sacerdote, a Unção dos Enfermos, o Crisma, perfeitamente lúcido.

A poderosa intercessão de Padre Pio fazia-se presente na sua presença.

E pensar que, através dos carismas de Padre Pio, no caso, o perfume de rosas recebido por meu pai, mais seu interesse sempre crescente pelos relatos da vida do Sacerdote Estigmatizado, mais a participação imprescindível do representante franciscano de Cristo, Frei Otávio, mais a colaboração de Maria Regina Vômero e de Yara Rolim Morais, todo esse conjunto iluminado de fatos abriu as portas da Eternidade para uma alma reconquistada por Deus.

"Eu vos digo... haverá mais alegria no céu por um só pecador que se arrependa do que por noventa e nove justos que não precisam de arrependimento." (Luc. 15/7)

Alguns anos mais tarde, quando relatei estes fatos ao meu então Diretor Espiritual, Dom Bernardo Schuh, do Mosteiro de São Bento, ele ouviu-me com muita atenção e ao final disse-me, comovido:

— Isto foi um milagre, ouviu, minha filha?... Pode considerar isto um milagre!

Milagre é a interferência direta de Deus sobre as pessoas e/ou sobre os acontecimentos.

E estas "interferências de Deus", através da intercessão de Padre Pio, foram, e continuam sendo, tantas, de tal grandeza, de tamanha abrangência, que ousamos chamar a vida do santo Sacerdote Estigmatizado de "Sinfonia de Deus", com infinitas variações sobre o mesmo tema.

Quais os milagres mais importantes por ele alcançados?!
Todos.

A interferência de Deus não pode ser medida nem classificada, porque é infinita. Não está sujeita a variantes de intensidade ou de tamanho.

O que varia é a nossa fé, aos olhos de Deus.

Podemos ser seus instrumentos. E quanto menor e mais insignificante for o instrumento, mais aparecerá a glória de Deus.

Sejamos, pois, uma pequenina trombeta de Deus e não queiramos ser nada mais do que isso, para transmitirmos a sua palavra e a sua misericórdia.

Padre Pio é um dos instrumentos mais poderosos de Deus, firme e inabalável em sua fé, em suas convicções e em sua confiança ilimitada no Senhor, embora nunca tivesse tido consciência disso, dada a sua extrema humildade.

Pouco tempo antes de morrer, quando esteve pela última vez com o nosso querido Padre Jean Derobert, seu "filho espiritual" e nosso Diretor, pediu-lhe: *"Meu filho, reze para que eu não perca a fé!"*

De outra feita, Padre Pio foi procurado por um de seus "filhos espirituais", para lhe pedir orações por um irmão, um grande médico de Pádua que estava com câncer de pulmão e já com metástase.

– Padre Pio, os médicos disseram ao meu irmão que ele tem apenas três meses de vida! – desabafou o rapaz.

– *Bem, isto são eles que estão dizendo, não é mesmo?!... Fique tranquilo, meu filho!* – respondeu-lhe Padre Pio.

– Padre, venho recorrer à sua fé porque o senhor já me disse que é preciso ter fé para obter uma graça, como esta da cura de meu irmão desenganado pelos médicos. Mas, onde eu vou arranjar tanta fé para pedir uma graça tão grande?!

– *Nós obtemos a fé através das boas obras* – continuou Padre Pio.

– Meu irmão não tem mais esperança em remédio algum capaz de restituir-lhe a saúde. Mas ele acredita que bastaria um pensamento seu, pedindo a Deus por ele, para que ficasse curado!

– *Se Deus assim o permitisse* – falou Padre Pio.

– Mas, Jesus não disse, segundo o Evangelho de São Lucas, Capítulo 17, Versículo 5, que, se tivéssemos fé do tamanho de

um grão de mostarda, diríamos a uma amoreira: "*Arranca-te daí e replanta-te no mar*" e ela nos obedeceria?!"
– E você acha que a sua fé é do tamanho de um grão de mostarda? – indagou Padre Pio.
– Não...
– Então, se você não tem essa fé, como é que poderá pedir uma graça, ao Senhor?! – exclamou Padre Pio.
– Eu nem sei de que tamanho é a minha fé...
– *Já entendi...* – respondeu Padre Pio. – *Já entendi: então sua fé é menor do que um grão de mostarda!*

Enquanto se desenrolava este diálogo entre Padre Pio e o irmão do médico, em San Giovanni Rotondo, um outro acontecimento ocorria em Pádua: depois de submetido a uma nova série de exames, o médico não tinha mais o menor vestígio do câncer, no pulmão e nem de metástase.

– *Agradeçamos ao Senhor!* – exclamou Padre Pio, ao receber a boa notícia que lhe foi transmitida pelo próprio irmão do médico, com quem tanto conversara sobre a fé.

– Padre... devo lhe dizer que prometi a Deus deixar de fumar, para meu irmão ficar curado...

– *Pois então deixe imediatamente o fumo!* – exclamou Padre Pio, percebendo que estava diante de um acréscimo na fé de seu "filho espiritual" que julgava que sua fé tinha aumentado, com o acréscimo da fé de Padre Pio.

De qualquer forma, cumpria-se a palavra do Senhor: pela fé, um câncer havia sido arrancado, com todas as suas ramificações, e desaparecido definitivamente de um organismo humano.

"*... Em verdade, em verdade vos digo: quem crê em mim fará as obras que faço e fará até maiores do que estas...*"
(Jo.14/12)

CURA DE GEMMA DI GIORGIO: CEGA SEM PUPILAS

Gemma di Giorgi nasceu na Sicília, na noite de Natal de 1939, e à medida que se desenvolvia seus pais começaram a perceber que havia qualquer coisa de anormal em seus olhos.

Levaram-na ao médico da cidade que a examinou e aconselhou que procurassem dois grandes oftalmologistas da cidade de Palermo. Estes verificaram que a menina nascera sem pupilas e estava condenada à cegueira para o resto da vida.

Os pais ficaram muito entristecidos, mas não perderam a confiança na Providência Divina, que tudo pode.

Começaram a rezar pela sua cura.

Depositavam suas súplicas no altar de Nossa Senhora da Igreja local, pedindo constantemente por Gemma.

Decorridos alguns anos, chegou à cidade uma tia freira que lhes falou em Padre Pio de Pietrelcina, aconselhando-os que levassem a criança até San Giovanni Rotondo. Prontificou-se a escrever uma carta apresentando o caso ao Padre Estigmatizado e a avó de Gemma prontificou-se a acompanhá-la pessoalmente até San Giovanni.

Certa noite, a tia teve um sonho com Padre Pio, que lhe perguntava: *"Onde está essa menina, Gemma, pela qual você tanto reza e me atordoa com tantas orações?"*

Ainda em sonho, a tia apresentou a menina ao Padre Pio, que fez o Sinal da Cruz sobre seus olhos.

No dia seguinte, para grande surpresa da religiosa, recebia a resposta de Padre Pio: *"Querida filha, asseguro-lhe minhas orações por sua recomendada. Bons votos."*

Quando a avó soube da estranha coincidência entre o sonho da irmã e a chegada da resposta de Padre Pio, em poucos dias estava a caminho de San Giovanni Rotondo, com a neta.

No decorrer da viagem, a menina afirmava que estava vendo o mar... No entanto, a avó julgava tratar-se de imaginação da criança que não tinha pupilas e não poderia estar enxergando.

Ao chegarem a San Giovanni, foram imediatamente ao Convento Capuchinho, à procura de Padre Pio.

Como a menina ainda não tinha recebido a Primeira Comunhão, ela estava sendo levada também para recebê-la das mãos de Padre Pio, depois de confessar-se com ele.

Quando a avó apresentou Gemma ao Padre, ele fez um Sinal da Cruz sobre seus olhos, como tinha feito no sonho da tia religiosa.

Terminada a confissão, a avó perguntou a Gemma se havia pedido ao Padre que a curasse. A menina esquecera de pedir.

A avó ficou inconsolável, a menina começou a chorar e a avó resolveu também se confessar com Padre Pio, para lhe pedir a cura da neta, ao que Padre Pio lhe respondeu: *"Tenha confiança! A menina não precisa chorar e a senhora não deve se preocupar. A graça já lhe foi concedida, a menina já está enxergando e a senhora sabe disso!"*

Gemma recebeu sua Primeira Comunhão das mãos de Padre Pio e em seguida ele fez, novamente, o Sinal da Cruz sobre seus olhos.

De volta, no trem, a menina sentiu que sua vista ia se abrindo: tudo lhe parecia cada vez mais claro e mais nítido, até que sua visão atingiu a perfeita normalidade. Isto se passou no dia 18 de junho de 1947.

Alguns meses depois, os pais de Gemma levaram-na a um famoso oculista de Perúgia que constatou a visão normal de Gemma apesar da ausência de pupilas, um caso sem explicação pela medicina.

Durante algum tempo, Gemma di Giorgi era convidada a comparecer ao consultório de grandes oftalmologistas da Itália que pagavam sua viagem para examinar sua vista.

E o diagnóstico era sempre o mesmo: ela não tem pupilas, ela é cega.

Ela não enxerga, mas ela vê. Ela não vê, mas ela enxerga.

Gemma sempre teve a maior satisfação em dar seu testemunho sobre a graça que recebera de Deus, por intercessão de Padre Pio.

Usa óculos escuros para que não se torne desagradável aos seus interlocutores, obrigando-os a contemplarem seus olhos sem pupilas.

Leva vida normal, morando sempre na mesma cidade, de onde sai, frequentemente, para contar sua linda história onde quer que a chamem.

RESSURREIÇÃO

Uma criança de seis meses encontrava-se gravemente doente e, apesar do tratamento médico, sua morte parecia inevitável, mas não para a sua mãe, que resolveu levá-la até San Giovanni Rotondo, para pedir a intercessão de Padre Pio.

A viagem de trem seria longa e cansativa, mas nada detinha a fervorosa mãe. Tinha fé no poder ilimitado de Deus, tinha fé na poderosa intercessão de Padre Pio e assim partiu ao encontro do Sacerdote Estigmatizado.

No decorrer da viagem, agravou-se o estado de saúde da criança, que veio a falecer. A mãe, sem perder a fé e a confiança no Senhor, enrolou o bebê em panos e colocou-o dentro de uma valise.

Ao chegar a San Giovanni, apressou-se em ir até o Convento onde vivia Padre Pio.

Ao entrar na Igreja, encontrou-o no Confessionário. Pegou uma senha e entrou na fila, com a criança morta dentro da valise.

E quando chegou a sua vez, ajoelhou-se, aos prantos, diante de Padre Pio e abriu a valise.

Padre Pio empalideceu. Ergueu os olhos para o céu, profundamente emocionado, e entrou em oração.

Havia um médico presente: era o Doutor Sanguinetti, braço direito de Padre Pio na Casa Alívio do Sofrimento, que por acaso assistira à cena. Declarou que mesmo que o bebê não tivesse falecido em consequência da grave enfermidade que o acometera, teria morrido sufocado pelo tempo que passara fechado dentro da valise da mãe.

De repente, a fisionomia de Padre Pio se transformou. Interrompeu a oração, voltaram-lhe as cores e dirigindo-se à mãe da criança, com voz forte, disse-lhe: *"Por que choras?! Teu filho não está morto... apenas dorme!"*

E na realidade, a criança tinha voltado a respirar e dormia, diante da felicidade indescritível da mãe e dos louvores de todos que testemunharam o milagre.

Volta-nos à mente o sabor de Evangelho que perpassa os milagres obtidos pela intercessão de Padre Pio, como a passagem do Evangelho de São Mateus que nos conta a ressurreição da filha de Jairo, o qual fora chamar Jesus, dizendo-lhe que sua filha havia morrido. E Jesus exclamou: *"...A menina não morreu! Ela dorme!" (Mt. 9/18,24)*

A CURA DE UM MÉDICO ATEU

Antigamente, em San Giovanni Rotondo, todo o mundo conhecia o doutor Francesco Ricciardi, médico que havia trinta anos se dedicava com total generosidade aos seus doentes.

De temperamento franco e honesto, era um ateu confesso, totalmente avesso ao sobrenatural.

Jamais havia entrado numa igreja. Totalmente voltado à ciência, só acreditava na ciência.

Considerava imaginação e fanatismo tudo que se relacionasse com o espírito.

Sentia verdadeira aversão por Padre Pio, que considerava perigoso representante de uma doutrina contrária ao progresso material e intelectual.

Apesar de tudo isso, os habitantes de San Giovanni gostavam muito do Doutor Ricciardi, pois tratava seus doentes com muita dedicação e altruísmo.

Com o passar do tempo, o médico foi envelhecendo e finalmente viu-se às voltas com problemas da própria saúde. Preocupava-se com as fortes dores que vinha sentindo no estômago. Suspeitava de algo muito grave e, ao se fazer examinar por seus colegas, foi-lhe diagnosticado um câncer e muito pouco tempo de vida.

E como não tinha fé, sua angústia lhe era muito penosa.

Era inverno e soprava um vento glacial em toda a região do Gargano.

Mesmo assim, as pessoas iam até a casa do médico, em busca de suas notícias, levando-lhe algum conforto, como prova de gratidão.

Um de seus amigos lembrou-se de chamar o Vigário, com

quem talvez doutor Ricciardi abrisse o coração ao sobrenatural. O resultado foi negativo, pois o médico, ao ver o sacerdote, dava gritos e o Vigário se retirou.

Resolveram, então, experimentar Padre Pio. Mesmo que fosse também mal recebido, quem sabe a sua presença poderia melhorar as condições de saúde do Doutor Ricciardi.

E Padre Pio foi chamado. Havia dez anos que não saía do Convento para coisa alguma. Todavia, concordou em ir à casa do médico.

O doente estava à morte e, dado o estado adiantado do câncer, já cheirava mal.

Quando Padre Pio chegou e entrou na casa, seu maravilhoso perfume suplantou o mau cheiro do doente. Em seguida, ao entrar no quarto de Doutor Ricciardi, para o espanto de todos os presentes, Padre Pio não foi rechaçado. Ao contrário, o médico pediu que seus amigos saíssem do quarto e o deixassem a sós com o Padre.

Padre Pio confessou-o, deu-lhe a absolvição e a Unção dos Enfermos e, para estupefação geral, o médico ficou imediatamente curado. Era uma cura completa, do corpo e da alma. Uma cura comprovadamente instantânea e duradoura, pois Doutor Ricciardi ainda viveu por muitos anos.

Deus não faz assepsia de pessoas, quando derrama suas graça e suas misericórdias...

Não havia sido assim com Zaqueu?!...

Zaqueu concordou em receber Jesus em sua casa, em sua alma, em seu espírito e, ao fim de uma noite inteira de coração humilde e aberto aos ensinamentos de Jesus, mostrou seu completo arrependimento, ao prometer ao Mestre que devolveria, em dobro, o que havia recebido ilicitamente de algumas pessoas.

Não havia sido assim com Maria Magdalena?!...

Sua conversão instantânea, ao se aproximar de Jesus, e sua mudança de vida foram preciosas aos olhos do Senhor. E seu arrependimento foi de tal ordem sincero e para sempre, que o adjetivo "arrependida" passou a fazer parte de seu nome, atravessando os séculos: Magdalena Arrependida.

E com Nicodemos?!...

Tratava-se de um Doutor da Lei, oponente de Jesus, mas atraído por seus ensinamentos desde que certamente o ouvira falar no Templo, quando Jesus, com apenas 12 anos de idade, deixara os Doutores da Lei estupefatos, com seus conhecimentos.

Muitos anos mais tarde, já na idade madura, mas ainda em tempo de reformular sua vida, Nicodemos foi procurar Jesus à noite, por medo de ser visto pelos colegas, porém irresistivelmente atraído pelo Messias.

E foi Nicodemos quem ajudou José de Arimateia a descer Jesus da Cruz e a colocá-lo nos braços de sua Mãe!

E a Samaritana?!... São Paulo, grande perseguidor de Jesus e mais tarde o grande divulgador de sua Doutrina..

Santo Agostinho, convertido por intercessão das orações de Santa Mônica, sua própria mãe...

Todos tiveram oportunidades equivalentes.

Todos abriram o coração para essas oportunidades que lhes foram concedidas pela Misericórdia Divina.

Todos corresponderam à graça de Deus, com arrependimento perfeito, mudança de vida radical e conversão definitiva, passando a trabalhar para Deus, por Deus e em Deus.

A qualquer tempo, tudo isso pode acontecer, e tem acontecido, a qualquer de nós.

PADRE PIO NO URUGUAI

Certo dia, Monsenhor Damiani, Vigário-Geral da cidade de Salto, no Uruguai, confidenciou a Padre Pio seu desejo de permanecer definitivamente em San Giovanni Rotondo, a fim de passar seus últimos anos de vida perto do Sacerdote Estigmatizado.

Ao que Padre Pio respondeu que seu lugar não era em San Giovanni e, sim, ocupando seu posto, em Salto, e exercendo suas funções em sua Diocese.

Monsenhor Damiani perguntou então se Padre Pio poderia assisti-lo, no momento de sua morte.

Padre Pio recolheu-se em oração por alguns instantes e depois lhe assegurou sua presença, na hora de sua morte.

E quem nos conta o desfecho deste caso e o cumprimento da promessa de Padre Pio é Monsenhor Barbieri, Arcebispo de Montevidéu.

No ano de 1941, Monsenhor Alfredo Viola, Arcebispo de Salto, comemorava seu jubileu sacerdotal, com a participação de vários Bispos, inclusive de Monsenhor Barbieri.

À noite, quando dormia, Monsenhor Barbieri ouviu bater à porta de seu quarto. Acordou sobressaltado e viu entrar um Capuchinho que lhe dizia: *"Vá ao quarto de Monsenhor Damiani. Ele está morrendo."*

Monsenhor Barbieri levantou-se, vestiu-se rapidamente, apanhou os Santos Óleos e, em companhia de outros sacerdotes, foi até o quarto de Monsenhor Damiani que, realmente, estava morrendo, mas ainda lúcido.

Monsenhor Barbieri lhe ministrou o Viático e a Unção dos Enfermos e assistiu à sua morte que decorreu em paz e extrema tranquilidade.

Ao lado da cama, sobre a mesinha de cabeceira, Monsenhor Barbieri encontrou um bilhete, escrito por mão trêmula, onde se lia: "Padre Pio veio."

Resolveu guardar o bilhete, a fim de comprovar sua autenticidade, quando fosse à Itália.

No dia 13 de abril de 1949, quando de uma visita de rotina ao Papa, Monsenhor Barbieri resolveu ir a San Giovanni para ver Padre Pio.

Reconheceu nele, de imediato, o Capuchinho que havia entrado em seu quarto, no Uruguai, para anunciar-lhe a morte de Monsenhor Damiani.

Mas, para se certificar, perguntou a Padre Pio se ele havia estado no Uruguai, ao que Padre Pio nada respondeu.

Monsenhor Barbieri, julgando que Padre Pio não tivesse ouvido suas palavras, repetiu a pergunta. Mas, Padre Pio continuava calado.

Só então Monsenhor Barbieri entendeu que o acontecimento havia sido real. E disse a Padre Pio: "Eu compreendo!". E Padre Pio, respondeu-lhe: "Sim... você compreendeu!".

GENERAL CARDONA

Em outubro de 1917, depois da derrota de Caporetto, o General Luigi Cardona entrou em tal depressão que tomou a decisão de se suicidar.

Certa noite, nas imediações de Trevis, antes de se recolher à sua barraca, ordenou ao seu sentinela que não deixasse entrar pessoa alguma, por motivo algum.

Em seguida, sentou-se numa cadeira, tirou um revólver da gaveta de sua mesa de cabeceira, carregou-o e no momento em que colocava o cano junto à testa, viu na sua frente um frade Capuchinho que lhe dizia, dedo em riste:

– *Que é isso, General! O senhor não vai fazer uma bobagem dessas!*

O General assustou-se, sem saber quem era aquele padre e como havia entrado em sua barraca, ao mesmo tempo que o Capuchinho desaparecia ante seus olhos estarrecidos.

Tentando se refazer do susto, abriu, ele mesmo, a porta da barraca e começou a gritar com o sentinela, por ter deixado entrar alguém em sua barraca, contrariando suas ordens expressas.

O sentinela, tão surpreendido quanto seu chefe, disse que não havia permitido a entrada de pessoa alguma, simplesmente por não ter visto pessoa alguma aproximar-se da barraca do General.

O General, ainda mais estupefato, voltou para o interior de sua barraca, empenhado em encontrar, a qualquer custo, uma explicação para o misterioso episódio.

Decorridos alguns anos, depois de terminada a guerra, a imprensa começava a falar muito sobre um certo Padre Pio, um Sacerdote Estigmatizado que vivia na região do Gargano e que estava fazendo muitos milagres.

Movido pela curiosidade, o General Cardona resolve, um dia, ir sozinho e incógnito a San Giovanni Rotondo.

Chegando ao Convento dos Capuchinhos, pediu para ver Padre Pio. Foi informado de que Padre Pio passaria pelo corredor que ligava o convento à sacristia.

– Espera que dentro de alguns instantes poderá vê-lo – disseram-lhe.

De fato, dentro de poucos momentos Padre Pio aparecia no corredor, acompanhado por seus confrades.

E ao passar diante do General Cardona, disse-lhe: *"Olá, General! Escapamos de boa, naquela noite, não?!"*

O General estremeceu, pois, naquele preciso instante, reconhecia em Padre Pio a voz e a fisionomia daquele Capuchinho que lhe aparecera, dentro de sua barraca, numa longínqua noite do ano de 1917.

A ESPETACULAR CONVERSÃO DE ABRESCH

Quem conheceu San Giovanni Rotondo até os anos 80, conheceu, forçosamente, uma pequena loja de artigos religiosos, situada na Viale Cappuccini, próxima ao Convento.

A loja se chamava "Abresch", sobrenome de seu proprietário, Federico Abresch, um "filho espiritual"de Padre Pio, que se tornou um de seus grandes amigos, espetacularmente convertido pelo Sacerdote Estigmatizado.

Abresch, natural da Alemanha, fora pela primeira vez a San Giovanni Rotondo, pelos idos de 1928.

Tinha sido protestante, depois passou para o catolicismo, "por conveniências sociais", como ele próprio dizia.

Mas, na verdade, sentia irresistível atração pelo sobrenatural, pelo misterioso e pela mística da Igreja Católica, embora demonstrasse uma certa revolta contra os dogmas da Igreja.

Dedicara-se, durante um certo período de sua vida, ao espiritismo, depois ao estudo do ocultismo, passando pela magia e pelas teorias da reencarnação.

No entanto, nada disso lhe trazia paz para seu espírito e nem saciava sua grande inteligência.

Vez por outra era visto numa Igreja, mais para não contrariar a esposa, ela que era católica fervorosa e grande devota de Padre Pio, do que por convicções próprias.

E, levado pela curiosidade de conhecer o famoso Sacerdote Estigmatizado do Gargano e também para agradar à esposa, que sempre insistia com ele para conhecer o Padre, lá se foi Federico Abresch a San Giovanni Rotondo.

Seu primeiro encontro com o Padre, em 1928, deixou-o um tanto indiferente, pois esperava uma acolhida mais calorosa, já que tinha feito uma longa viagem para conhecê-lo.

Contudo, ao se ajoelhar para se confessar, as coisas mudaram de figura.

Padre Pio começou por dizer-lhe que, em suas confissões anteriores com outros sacerdotes, havia omitido faltas graves. E lhe perguntou se a omissão tinha sido proposital ou de boa-fé, talvez até por esquecimento.

A resposta de Abresch foi contundente: "Não acredito no caráter divino da Confissão, como Sacramento de Reconciliação. Considero-a, apenas, como instituição de uma certa utilidade."

Padre Pio, com expressão de extrema severidade e ao mesmo tempo de grande pesar, exclamou:

"Que heresia!"

E Padre Pio disse-lhe que todas as suas Comunhões, até aquele momento, haviam sido sacrílegas. Seria necessário que Abresch se lembrasse de sua última boa Confissão para, a partir dali, fazer uma Confissão Geral.

Em seguida, Padre Pio afastou-se, para confessar as mulheres e deixou Abresch perplexo, entregue à sua mente conturbada pela tarefa de rever o passado.

Quando Padre Pio retornou, encontrou Federico Abresch na mesma confusão de ideias em que o deixara.

– *Então?! Quando foi sua última boa Confissão?* – insistiu o Padre.

Abresch ainda não sabia o que dizer, quando Padre Pio respondeu por ele:

– Bem... sua última boa Confissão foi na volta de sua viagem de núpcias. Deixemos o resto para trás. E comecemos deste ponto em diante...

Era verdade, como relata o próprio Federico Abresch, em sua carta aberta a Alberto del Fante, reproduzida em seu livro "Per la Storia".

Em seguida, Padre Pio passou a enumerar todas as suas culpas, inclusive o número de Missas a que havia faltado. Depois de mencionar todos os seus pecados mortais, fez-lhe compreender a gravidade dos mesmos, concluindo:

– *Você cantava um hino a satanás, enquanto Jesus, em seu amor infinito, sofria e morria por você!*

Abresch entendeu tudo. Sentiu-se invadido por um profundo arrependimento pela sua vida passada e recebeu finalmente a absolvição de Padre Pio sob forte emoção.

Ao voltar à sua cidade, Federico Abresch sentia-se aliviado e feliz.

Algum tempo depois, sua esposa, Amélia Abresch, após repetidas hemorragias, recebia um doloroso diagnóstico de seus médicos: um tumor que precisava ser extirpado, mas a operação a impediria de ter filhos. E ela desejava ardentemente ser mãe.

Foi imediatamente conversar com Padre Pio, em San Giovanni Rotondo,

Depois de ouvir seu relato, o Padre ergueu os olhos ao Céu, num instante de oração, e depois disse:

– *Minha filha, nada de ferros, senão você vai ficar arruinada para o resto da vida!*

Amélia Abresch ficou curada. Cessaram as hemorragias e ela recobrou completamente a saúde.

Dois anos depois, quando Federico Abresch voltou a San Giovanni, Padre Pio previu um filho para o casal e ainda disse que este filho viria a ser padre.

Tudo aconteceu como previra Padre Pio.

Nasceu-lhes um filho forte e saudável a quem deram o nome de Pio e que realmente seguiu a vocação religiosa.

Amélia e Federico Abresch se mudaram de Bolonha para San Giovanni Rotondo, abrindo uma loja de artigos religiosos, a que nos referimos no início, e ao fundo fizeram uma pequena Capela, onde Padre Pio celebrou algumas vezes a Santa Missa.

E o casal Abresch passou o resto de suas vidas à sombra do Convento de Padre Pio, mesmo quando ele já não estava mais lá.

PADRE PIO ARRANJA EMPREGO...

Laurino Costa morava com a família na cidade de Pádua, na Itália, mas não conhecia Padre Pio.

Certa vez, recebeu de um amigo que acabava de chegar de San Giovanni uma foto do Padre, seu endereço e ficou muito impressionado com o que o amigo lhe contou sobre o Sacerdote Estigmatizado. Não tirou mais a foto do bolso e sonhava frequentemente com o Padre.

Um dia, encontrando-se desempregado, resolveu passar um telegrama para Padre Pio. Quem sabe uma bênção do Padre poderia ajudá-lo a conseguir um emprego.

Pouco depois chegava a resposta ao seu telegrama em outro telegrama, no qual Padre Pio lhe dizia para ir imediatamente a San Giovanni Rotondo.

– Eu nunca tinha visto Padre Pio e ele também nunca me vira – conta Laurino. No entanto, quando ele passou entre seus fiéis e me avistou, gritou pelo meu nome, dizendo:

– Laurino! Venha cá! Vi que você tinha chegado e agora vá alimentar meus doentes na Casa Alívio do Sofrimento.

– Mas, eu não sou cozinheiro! Nunca cozinhei na minha vida e nem sei cozinhar! – respondi.

– Vá alimentar meus doentes! – insistiu Padre Pio.

– Só se o senhor me ensinar a cozinhar, Padre! – disse-lhe, apavorado.

– Vá... Estarei sempre junto a você!

E Laurino foi.

Começou a trabalhar naquele mesmo dia, 14 de fevereiro de 1958.

Quando entrou no Hospital, teve uma estranha impressão de já ter estado ali antes.

Depois, já na cozinha, tudo lhe era tão familiar, que não encontrou a menor dificuldade em cozinhar. Parecia-lhe ter trabalhado a vida inteira como cozinheiro, num hospital.

Laurino tinha que cozinhar para oitocentas pessoas, entre doentes, médicos, freiras e demais funcionários do hospital. Mas nada o atemorizava, pois sentia permanentemente a presença de Padre Pio ao seu lado.

Decorrido algum tempo, o Padre aconselhou-o a levar a família, pois não queria que Laurino se afastasse do hospital nem para tirar férias.

E assim foi. Laurino levou a família para San Giovanni e continuou sempre trabalhando no hospital, mesmo depois da morte de Padre Pio.

– Sinto sua presença, sinto Padre Pio sempre junto a mim, conforme me prometeu – costumava dizer Laurino Costa. – Sei que ele me acompanharia para onde quer que eu fosse, mas, como era de sua vontade que eu nunca me afastasse do hospital, não vou me aproveitar de sua morte para deixar de fazer sua vontade. Ele gostava muito de mim.

E Laurino sempre terminava seus depoimentos, a respeito de sua devoção ao Padre Pio, dizendo:

– Confiem em Padre Pio! Não há como duvidar de sua poderosa intercessão. Sua santidade, sua honestidade e sua correção em tudo nos provam que ele é, realmente, um grande Santo!

PADRE PIO DETÉM BOMBARDEIOS

No decorrer da Segunda Guerra Mundial, quando a Itália ainda estava sob o domínio dos nazistas, os Aliados receberam ordens de bombardear a região do Gargano, onde fica situada a cidade de San Giovanni Rotondo.

E por várias vezes os aviões foram e voltaram às suas bases, sem bombardear os alvos determinados, pois os pilotos e toda a tripulação dos aviões, tanto americanos quanto ingleses, canadenses, australianos e poloneses, afirmavam terem visto, em meio às nuvens, a figura de um frade que lhes fazia sinal para não bombardear. Descreviam a visão como "um anjo de barba, sem asas".

Os pilotos voltavam muito impressionados com o que viam e seus superiores ficavam perplexos, sem saber se teriam sido vítimas de alucinações ou se realmente haviam tido alguma visão sobrenatural.

Finalmente, depois da libertação do sul da Península pelas tropas Aliadas, alguns aviadores que haviam passado por aquela inusitada experiência de ver um frade sobre as nuvens, detendo os bombardeios sobre aquela região, resolveram voltar ao local por via terrestre, para conhecer a região que havia sido tão extraordinariamente protegida.

Encontraram a cidade de San Giovanni Rotondo, onde havia um Convento Capuchinho. E neste Convento, morava Padre Pio, o famoso Sacerdote Estigmatizado, a quem eram atribuídas curas milagrosas. Era também um local de peregrinações católicas.

Ao avistarem Padre Pio, os aviadores imediatamente reconheceram nele o frade que lhes aparecera em meio às nuvens, impedindo-os de bombardear a região.

Esses aviadores iam a San Giovanni, em pequenos grupos de dois ou três, justamente para depois juntarem seus testemunhos e não sofrerem influências uns dos outros. Além do mais, a maioria dos aviadores era de religiões que não admitiam nem santos nem milagres. Os católicos eram a minoria.

Entretanto, o testemunho mais importante foi sem dúvida de um General Comandante da Força Aérea sediada na cidade de Bari.

Certa vez, o Comandante da base fez questão de dirigir pessoalmente uma determinada missão, constituída por uma esquadrilha de bombardeiros, cujo alvo seria um depósito bélico dos alemães, nas proximidades de San Giovanni.

A ordem superior era de destruir o depósito.

Seria um bombardeio de surpresa, numa grande área que certamente atingiria a Igreja de Santa Maria das Graças, de San Giovanni, bem como o Convento dos Capuchinhos, onde morava Padre Pio.

Quando a esquadrilha de aviões já se aproximava do alvo, o Comandante e os pilotos tiveram a mesma "visão" dos aviadores anteriores: por entre as nuvens, viram surgir a figura de um frade com os braços erguidos. E enquanto todos o fixavam, incrédulos, ocorriam fatos verdadeiramente extraordinários com os aviões.

O mecanismo de lançamento das bombas foi acionado automaticamente, isto é, sem que ninguém tivesse tocado nos botões de comando e ao mesmo tempo em todas as aeronaves da esquadrilha. Tudo isto muito antes de sobrevoarem o alvo a ser bombardeado.

Consequentemente, as bombas foram explodir bem longe da cidade de San Giovanni, sobre os rochedos do Gargano, poupando não só San Giovanni, como também seus habitantes. Os instrumentos de bordo ficaram avariados, também ao mesmo tempo, em todas as aeronaves. E os pilotos não conseguiam controlá-los.

Para culminar a sequência de acontecimentos extraordinários, os pilotos verificaram, estupefatos, que a esquadrilha estava voando em direção oposta ao alvo, isto é, de volta à base aérea de onde havia decolado.

O Comandante procurava uma explicação para os fatos, mas a verdade era que seria impossível um defeito simultâneo nos mecanismos de lançamento de bombas de toda a esquadrilha. Seria igualmente impossível um defeito simultâneo em todas as aeronaves, modificando a rota sem o comando dos pilotos.

Tudo isso seria impossível. Entretanto, tudo isso aconteceu.

Decorrido algum tempo, quando o Comandante deixou o seu posto da base aérea de Bari, resolveu ir até o local onde teria havido o bombardeio e quando chegou a San Giovanni Rotondo, acompanhado de um séquito de altas patentes da Aeronáutica, encontrou uma pequena cidade, habitada, em sua grande maioria, por camponeses.

Informado de que o famoso "frade dos milagres" habitava o Convento Capuchinho da cidade, quis conhecê-lo pessoalmente, movido por mera curiosidade, pois era protestante.

Quando o Comandante entrou no Convento, foi introduzido numa sala onde havia diversos frades reunidos.

De repente, ao dar com os olhos sobre determinado frade, o Comandante exclamou: "É aquele! É aquele que eu vi lá em cima, no meio das nuvens!"

Era Padre Pio que, tranquilo e sorridente, aproximou-se do Comandante e disse-lhe, como resposta:

"E você é aquele que queria liquidar com todos nós!"

Houve troca de sorrisos, de cumprimentos e naquele instante nasceu uma grande amizade entre o Comandante e Padre Pio.

Pouco tempo depois, o homem que teria bombardeado San Giovanni Rotondo e Padre Pio converteu-se totalmente ao Catolicismo.

UM PEDIDO DO ENTÃO BISPO CAROL WOJTYLA UM MILAGRE DE PADRE PIO

Carol Wojtyla, hoje nosso Sumo Pontífice João Paulo II, esteve três vezes em San Giovanni Rotondo.

A primeira vez em 1947, recém ordenado sacerdote, quando então se confessou com Padre Pio.

A segunda vez em 1974, como Cardeal.

E a terceira vez em 1987, como Papa.

Em novembro de 1962, quando Bispo de Ombi, ao mesmo tempo que Vigário Capitular da Cracóvia, Wojtyla esteve em Roma.

Porém, trazia no coração um profundo pesar: a doutora Wanda Poltawska, polonesa, com quarenta anos de idade e mãe de quatro filhos, encontrava-se gravemente enferma, vítima de um câncer.

E Carol Wojtyla lembrou-se de pedir orações ao Padre Pio de Pietrelcina.

Escreveu-lhe, então, a seguinte carta, cujo original é em latim:

"Venerável Padre,

*V*enho pedir suas orações por uma mãe de quatro filhos, com quarenta anos de idade, natural da Cracóvia, na Polônia (depois de ter estado presa, durante cinco anos, num Campo de Concentração na Alemanha). No momento, encontra-se em gravíssimo estado de saúde, correndo risco de vida, por motivo de um câncer. Que Deus dispense sua misericórdia também à sua família, por intercessão da Santíssima Virgem Maria.

Em Cristo, muitíssimo grato,

Carolus Wojtyla — Bispo Titular de Ombi
Vigário Capitular da Cracóvia, na Polônia.
Roma, Pontifício Collegio Polonês.
Piazza Remuria, 2A-Roma."

O relato deste episódio foi feito por Ângelo Battisti, administrador da Casa Alívio do Sofrimento e funcionário da Secretaria de Estado, tendo sido ele o portador das cartas de Karol Wojtyla ao Padre Pio.

Esta primeira carta, acima referida, foi confiada a Battisti no dia 17 de novembro de 1962, pelo Monsenhor Andréa Deskur, então Presidente da Pontifícia Comissão para as Comunicações Sociais.

E no dia seguinte, 18 de novembro do mesmo ano, Ângelo Battisti entregava a carta, em mãos, ao Padre Pio.

Padre Pio pediu-lhe que abrisse a carta e que a lesse e, ao final da leitura, o Padre encarregou Ângelo Battisti de assegurar ao remetente suas orações pela enferma.

No dia 29 do mesmo mês, Monsenhor Deskur pediu a Ângelo Battisti que levasse uma outra carta para Padre Pio.

E no dia 1º de dezembro, Battisti entregava a segunda carta

ao Padre Pio, que lhe perguntou quem era o remetente. Battisti afirmou que era a mesma pessoa que enviara a primeira carta.

Novamente o Padre pediu a Ângelo Battisti que a abrisse e a lesse. Eis o texto da segunda missiva, também em latim:

"Venerável Padre,

A mulher natural da Cracóvia, na Polônia, mãe de quatro filhos, no dia 21 de novembro, quando deveria se submeter a uma operação cirúrgica, recuperou repentinamente a saúde. Graças a Deus. Também a ti, Venerável Padre, rendemos graças e agradecimentos, inclusive da parte de seu marido e de toda a sua família.

+ *Carolus Wojtyla*
Vigário Capitular da Cracovia
Roma, 28 de novembro de 1962

Ao término da leitura desta segunda carta, Padre Pio exclamou: *"Agradeçamos a Deus!"* A jovem mãe tinha ficado repentinamente curada do câncer.

Em seguida, entregando a primeira carta, que ainda estava sobre sua mesinha, a Ângelo Battisti, disse-lhe:

– *Guarde estas duas cartas.*

Battisti colocou as cartas num só envelope, que guardou.

Dois meses depois, ao procurar um documento da Casa Alívio do Sofrimento, onde continuava a exercer o cargo de Administrador, Battisti encontrou o envelope, com as duas cartas.

E em face do curso dos acontecimentos, Ângelo Battisti confirmou, mais uma vez, que as palavras de Padre Pio eram sempre inspiradas por Deus.

Ao mandar Ângelo Battisti guardar aquelas duas cartas, não estaria o Sacerdote Estigmatizado visualizando o futuro de quem lhe pedia orações, de quem alcançara tão prontamente a graça?!

O então Cardeal Wojtyla, dirigindo-se a Padre Pio, em sua carta originariamente escrita em latim, usando o vocativo "Venerabilis Pater" (Venerável Padre), em sinal de grande respeito pelo Sacerdote Estigmatizado, não estaria também ele sendo inspirado por Deus sobre a santidade de Padre Pio?!

O fato é que a doutora Wanda Poltawska, polonesa, com quarenta anos de idade e mãe de quatro filhos, ficara completamente curada de um câncer, por intercessão das orações de Padre Pio, a pedido do Cardeal Carol Wojtyla.

Wanda Poltawska está viva e goza de perfeita saúde até hoje.

Compareceu pessoalmente à Beatificação de Padre Pio, em Roma, em 2 de maio de 1999, tendo recebido a Santa Comunhão das mãos do Sumo Pontífice Carol Wojtyla.

A CURA DE ROSITA ARDONE

– Já havia algum tempo que eu notava uma pequena inchação do lado direito de meu pescoço e julgava tratar-se de algum gânglio enfartado – conta Rosita Ardone.

– Finalmente, ao procurar um médico, ele verificou tratar-se de um tumor e resolveu cauterizá-lo – continua Rosita.

Ao realizar a intervenção, o médico atingiu o nervo trigêmeo que se comunica com a língua. E como se não bastasse todo esse sofrimento, submeteram-na a aplicações de "radium", para destruir completamente o tumor. Em seguida foi submetida a duas operações e finalmente seria preciso operar a língua.

– Diante desta terrível perspectiva, a minha vontade era de ir até San Giovanni Rotondo e procurar Padre Pio para lhe pedir uma orientação – relata Rosita Ardone. – Mas não tinha condições financeiras para arcar com as despesas da viagem e hospedagem. A Providência Divina veio em meu socorro e uma amiga apressou-se em me oferecer o dinheiro para pagar as despesas. Aceitei, agradecendo a bondade de Deus para comigo, através de minha amiga. Eu nunca tinha ido a San Giovanni. Cheguei à estação de Foggia às quatro horas da manhã, em pleno inverno, com neve. Estava sozinha e sentia-me completamente desprotegida. De repente, surgiram dois jovens, trajados de preto, colocando-se um de cada lado e perguntando-me: "Vai ao Padre Pio?" Respondi afirmativamente, mas não sabia para que lado me dirigir, quando os rapazes me conduziram até do lado de fora da estação, indicando-me o ônibus que deveria tomar para San Giovanni. Quando me virei, para lhes agradecer, tinham desaparecido. Ainda pensei que estivessem dentro do ônibus, sem que eu os visse entrar, mas ao chegarmos a San Giovanni todos saltaram do ônibus, menos eles. Resolvi não me preocupar mais com o fato, pois tinha que me apressar em chegar ao Convento e procurar me avistar com Padre Pio. Peguei a senha para a Confissão e poucos dias depois chegava a minha vez de conhecê-lo, de confessar-me e de conversar com o Sacerdote Estigmatizado. Ao ajoelhar-me no Confessionário, Padre Pio me disse:

– *Gostou?! Por eu lhe enviar meus Anjos da Guarda?!*

– Eram aqueles dois jovens que me ajudaram? – perguntei--lhe, estupefata.

– *Sim* – continuou Padre Pio. – *Mandei-os, porque você merecia e estava sozinha, sem saber para onde ir.*

Ainda estarrecida com o rumo dos acontecimentos, consegui explicar ao Padre o meu problema de saúde, dizendo-lhe que os médicos queriam operar-me a língua.

– *Não, minha filha, isto não será necessário* – disse-me. E erguendo as mãos para o céu, continuou:

– *A misericórdia de Deus está sobre você. E eu vou rezar muito por você. Você merece. Continue a trabalhar pelo bem.*

E quando você precisar, não é necessário vir até aqui. Mande seu Anjo da Guarda... e quando sentir um perfume, estarei ao seu lado.

– Na realidade, eu já havia sentido muitas vezes aquele perfume de que me falava. Fiquei curada. E depois de alguns anos, como continuasse a sentir dores no nervo trigêmeo, ouvi, do Padre, as seguintes palavras:

– *Você pediu para sofrer pela conversão dos pecadores. Bem-aventurada é você que sofre. Não pode imaginar o que Jesus está preparando para você, lá em cima!*

RELAÇÃO DE OUTROS MILAGRES:

CRIANÇA PERDIDA NUM MERCADO

Reconduzida à mãe por um padre que lhe deu a mão, ao chegar em casa a criança reconhece o padre, numa foto de Padre Pio. (Itália)

EPILEPSIA

Cura completa e duradoura. (Itália)

PARALISIA INFANTIL

Cura completa e duradoura. (Polônia)

CÂNCER DE ESTÔMAGO

Cura completa e duradoura. (Itália)

CALCIFICAÇÃO HIPOFÍSICA NA CABEÇA DE UMA CRIANÇA

Cura completa e duradoura. (Itália)

RESIGNAÇÃO COMPLETA E DURADOURA

Morte de um filho. Mãe sofre depressão durante 1 ano e dores lancinantes no fígado. Vai a San Giovanni. Reza um Rosário pedindo pela resignação, cura da depressão e consequências. No dia seguinte, acorda conformada, consolada e curada da depressão para sempre. E num lencinho que havia tocado no Confessionário de Padre Pio, o maior perfume de rosas. E de vez em quando o perfume volta ao lenço. (Itália)

INFECÇÃO NO PÉ, COM RISCO DE AMPUTAÇÃO

Os médicos não conseguem debelar a infecção. A pessoa se lembra de que guardou um lenço abençoado por Padre Pio e coloca-o sobre o pé infeccionado. No dia seguinte acorda curado. Imediatamente calçou o sapato e pôde caminhar normalmente. Cura completa e duradoura. (Itália)

TUMOR NA CABEÇA – RISCO DE SER UM TUMOR MALIGNO – RISCO DE SEQUELA: CEGUEIRA

Na véspera da operação, rapaz olha para uma foto de Padre Pio, pedindo ardentemente pela cura. É operado, o tumor era benigno e não deixou sequela alguma, muito menos cegueira. (Portugal)

FILHO PREMATURO – 2ª CESARIANA – CASO GRAVE

A mãe rezou muito a Padre Pio, enquanto esperava pela cesariana. Ao despertar da anestesia, viu um padre entre as pessoas presentes. Tudo correu muito bem e a criança nasceu e se desenvolveu forte e robusta. (Itália)

ÚLCERA CANCEROSA

A mãe foi a San Giovanni e, quando Padre Pio passou por ela e olhou-a demoradamente, não resistiu e gritou: "Eu lhe peço pelo meu filho Giovanni!". Ao que Padre Pio respondeu: *"Giovanni vai ficar bom!"*, e estendeu-lhe a mão para que ela a beijasse. Os médicos davam ao rapaz apenas 1 hora e meia de vida. A operação terminou num lago de sangue e os médicos reafirmando que só um milagre poderia salvar o doente. O rapaz saiu do hospital completamente curado, casou-se e teve filhos. (Itália)

DUAS HEMORRAGIAS CEREBRAIS

A segunda hemorragia foi seguida de uma crise de soluços. Um torrão de açúcar, bento por Padre Pio, foi dissolvido num pouco d'água e o doente ficou instantaneamente curado da hemorragia cerebral e da crise de soluços. Cura completa e duradoura. (Bélgica)

ESTERILIDADE COMPROVADA POR EXAMES E TRATAMENTOS SEM ÊXITO

Restava apenas a fé em Padre Pio. Toda a família rezando pela mesma intenção. Gravidez inesperada e impossível. (Itália)

PROBLEMA NUMA VISTA – FICA CURADO E APARECE O PROBLEMA NA OUTRA VISTA

Deram ao paciente, com 50 anos de idade, uma imagem de Padre Pio. Ele começa a rezar. Adormece. Sonha com o Padre. Acorda totalmente curado. (Itália)

CARCINOMA INOPERÁVEL

Os médicos declararam que não havia nada a fazer. A morte seria iminente. A família implorou a graça ao Padre Pio. A filha da doente sonha com o Padre. Pede-lhe a cura da mãe e ele faz que sim com a cabeça. Os médicos pedem mais um exame e, para o estupor de todos, o carcinoma havia desaparecido. Cura instantânea, completa e duradoura. Isto aconteceu num dia 20 de setembro, dia do aniversário do aparecimentos dos estigmas de Padre Pio. (Itália).

DERRAME CEREBRAL – LESÃO NOS NERVOS ÓTICOS, PROVOCANDO CEGUEIRA TOTAL

A doente insiste em assistir à Missa. Comungou. Sonha com Padre Pio lhe chamando a atenção sobre a homilia do padre, durante a Missa, sobre o orgulho e a soberba. Explicou-lhe que esses sentimentos interceptam a misericórdia de Deus sobre nós. E como era dia de Santa Rosa de Lima (31 de agosto), aconselhou-a a pedir também a intercessão da santa que é a protetora de quem precisa recuperar algum dos cinco sentidos. Pede que ela agradeça à Santíssima Trindade pela graça que lhe estava sendo concedida. E a doente amanhece enxergando, completamente curada. (Itália)

SEPARAÇÃO E RECONCILIAÇÃO DE UM CASAL

A mãe sonha com Padre Pio, celebrando uma Missa e isto serviu-lhe de lembrete. Fez uma primeira novena ao Padre e, quando já começava a segunda, sonha com Padre Pio e ela lhe pedindo para interceder junto à Virgem Maria pela paz na casa da filha casada. Padre Pio lhe responde que esperasse uns 10 dias. E no décimo primeiro dia deste sonho, a filha e o genro recebem inesperadamente a visita de um padre e, depois de conversarem, se reconciliam. (Itália)

ACIDENTE DE CARRO COM UM CASAL – A MULHER ESTAVA GRÁVIDA

No momento do maior desespero da família toda, a mãe começa a rezar para Padre Pio. Salvaram-se os três. (Itália)

LEUCEMIA NUMA CRIANÇA DE 7 ANOS

A mãe leva a filha a San Giovanni e as duas comungaram das mãos de Padre Pio. Na volta, foram feitos novos exames e a criança estava completa e duradouramente curada. (Itália)

UMA CRIANÇA ENGOLE CACOS DE VIDRO DE UMA BOLA DE ÁRVORE DE NATAL

Uma criança de um ano e meio de idade, em companhia da avó, "come" uma bola de vidro da árvore de Natal. Quando a avó percebe a criança sufocada com os cacos de vidro, enfia a mão na boca da criança, tentando retirar os cacos da garganta, mas não consegue. Grita por Padre Pio. Nesse preciso instante, a criança vomita tudo e fica bem. Depois disso comeu e dormiu muito bem. (Itália)

CASO GRAVÍSSIMO. A PESSOA VIVE, SEM EXPLICAÇÃO DA MEDICINA

Toda a família rezando a Padre Pio pela cura do doente. Certo dia, o doente pede a presença de um padre, pois queria se confessar. Depois da reconciliação com Deus, fica completamente curado, diante dos médicos estupefatos e sem explicações para a cura. Cura completa e duradoura do corpo e da alma. (Itália)

CONCURSO DIFICÍLIMO PARA A OBTENÇÃO DE UM EMPREGO

Reza e implora ao Padre Pio. Passa no Concurso e consegue o emprego. (Itália)

CRIANÇA CAI DO SEGUNDO ANDAR

Hemorragia cerebral. Estado de coma. Orações incessantes dos pais, parentes e amigos Havia um retrato de Padre Pio na parede. Padre Pio sorri, do retrato. E ainda sorri uma segunda vez, somente visto pela mãe da criança. Cura total e duradoura. E o próprio médico, trazendo, em seus braços, a criança completamente curada, entregou-a aos pais, dizendo: "O Senhor lhes devolve o seu filho!"

PERDA DA VISÃO – LESÃO NA CÓRNEA

Oração a Padre Pio. Sente o inconfundível perfume de Padre Pio. Fica curado e recobra a visão. (Itália)

TESTEMUNHO DE DOM ORIONE

Dom Orione vê Padre Pio no túmulo do Papa Pio X. Padre Pio se diz apressado. Dom Orione relata o fato ao Papa, que lhe disse:

– *Agora estou convencido dos dons de Padre Pio.*

E suspende a reclusão de Padre Pio. Dom Orione viu também Padre Pio na canonização de Santa Terezinha do Menino Jesus. Os jornais também noticiaram a presença do Sacerdote Estigmatizado na referida canonização. No entanto, veio um desmentido de San Giovanni, afirmando que Padre Pio não havia se ausentado do Convento. (Itália)

CONFISSÃO COM PADRE PIO

Um "filho espiritual" de Padre Pio confessou-se com ele e depois segurou sua mão para beijá-la. A mão ficou perfumada por seis meses. (Itália)

MENINO DE SETE ANOS CAI DE UMA ALTURA DE 8 METROS E SE SALVA

O menino estava caído numa poça de sangue e entrou em estado de coma, desenganado pelos médicos. Ao fim de três dias, chega uma tia da criança, trazendo uma relíquia de Padre Pio. Passa a relíquia na cabeça do menino, enquanto todos rezavam juntos. O menino ficou completamente curado e ao fim de dez dias saía do hospital, totalmente recuperado. (Itália)

GRAVÍSSIMO ACIDENTE DE AUTOMÓVEL

Gritam por Padre Pio e Nossa Senhora. Saem miraculosamente ilesos, através do porta-malas, miraculosamente aberto. (Itália)

ASMA SUFOCANTE

Devota de Padre Pio e vítima de uma crise de asma sufocante sonha com Padre Pio, como se ele quisesse lhe passar sua própria respiração. Acorda completamente curada. Vai a San Giovanni. Quando disse ao Padre Pio que vinha lhe agradecer por ele ter ido à América do Norte para lhe dar seu fôlego, ele apenas disse: "Eu sei... eu sei de tudo!"

ESGOTAMENTO NERVOSO

Depressão profunda. Muitos meses sem poder trabalhar. Pede sua cura ao Padre Pio. Fica curada instantaneamente. (Itália)

ARTROSE INCURÁVEL

Tratamento sem resultado. Perde o comando sobre a perna. Uma pessoa amiga aconselha que o doente vá até San Giovanni Rotondo ver Padre Pio. Nesse meio tempo, morre Padre Pio. Só restava a oração. E a pessoa, que aconselhara o doente a procurar Padre Pio, sonha com o Sacerdote Estigmatizado, andando em direção à casa do amigo doente. No dia seguinte, o doente amanhece inexplicavelmente curado, caminhando perfeitamente, sem nem ao menos o auxílio de uma bengala. (Itália)

INFARTO IRRECUPERÁVEL

A filha pede aos médicos que não levem o pai agonizante para o hospital. Os médicos concordam, sabendo que, com todos os recursos, o doente não chegaria vivo ao hospital. A filha reza a noite inteira, implorando ao Padre Pio a cura do pai. No dia seguinte, o pai acorda completa e duradouramente curado, levantando-se da cama. E neste exato momento, o maior perfume de rosas invade a casa. (Itália)

PARTO PREMATURO

A mãe tinha grave enfermidade. Ela e o filho corriam risco de vida. A mãe pediu ao Padre Pio para não deixar uma criança órfã no mundo. Que morressem ou vivessem os dois. Viveram os dois. Mãe e filho salvos. (Canadá)

EXATIDÃO DE PADRE PIO, NAS MENORES COISAS

Quem nos conta é um de seus filhos espirituais: "Certa vez, ao me confessar com Padre Pio, disse-lhe que havia mentido umas 12 vezes. Ao que ele me interrompeu: "12 vezes, não... foram 16 vezes." (Itália)

HOMICÍDIO PREMEDITADO, IMPEDIDO POR PADRE PIO

O marido convida a esposa, grande devota de Padre Pio, para uma visita ao Padre, em San Giovanni Rotondo. Andava com estranhas ideias de matá-la e aquela visita seria talvez um álibi: como seria o assassino da esposa se pouco antes lhe fazia a vontade de visitar Padre Pio que, diga-se de passagem, ele próprio ainda não conhecia pessoalmente?

Padre Pio conversava com alguns amigos, na Sacristia da Igreja, quando de repente entra o criminoso em potencial. Ao vê-lo, Padre Pio começou a gritar:

– *Saia! Rua! Não sabe que não pode manchar suas mãos de sangue!?*

E segurando o desconhecido pelo braço, conduziu-o para fora das dependências da Igreja.

Ninguém entendeu coisa alguma. Alguns até criticaram intimamente a atitude do Padre. Mas, nestes casos, o Sacerdote Estigmatizado costumava dizer:

– *Não posso dar um doce a quem precisa de um purgante!*

E com seu dom de perscrutação de corações, se apercebeu do que ia na alma do rapaz e quis lhe dar uma sacudidela tão violenta quanto suas intenções criminosas.

No dia seguinte, o homem voltou à Igreja e foi se confessar com Padre Pio. Ele mesmo conta que se abriu com o Padre, confessando suas ideias e suas terríveis tentações, profundamente arrependido e pedindo o perdão de Deus, através do Sacerdote Estigmatizado.

Padre Pio, diante daquela conversão que percebeu sincera e duradoura, não só lhe deu a absolvição, como também lhe perguntou:

– *Você quer muito ter filhos, não é?...* – O rapaz, tomado de profunda emoção, mal podia falar. Fez apenas que sim, com a cabeça. E Padre Pio continuou:

– *Não ofenda mais a Deus e nascerá um filho!*

Um ano depois o casal voltava a San Giovanni para Padre Pio batizar o filho prometido.

"UM CRIME DIANTE DE DEUS!"

Padre Pio encontrava-se na sacristia da Igreja, em companhia de alguns confrades, quando entra um rapaz, dizendo-lhe que desejava se confessar. Padre Pio olhou para ele e exclamou:

– *Porco!...*

O rapaz saiu correndo e um de seus confrades ousou observar: "Padre Pio, por que o senhor tratou assim este rapaz?"

Ao que Padre Pio prontamente respondeu:

– *Se eu não o tivesse tratado assim, esse rapaz se condenaria eternamente. Ele vive ilicitamente com uma mulher e isto é crime diante de Deus! Mas, ele voltará. Esse tratamento vai lhe fazer bem. No confessionário eu não poderia lhe ter dito o que disse. E ele teria se acusado de seus pecados em arrependimento e sem firmes propósitos de mudar de vida. E teria ido embora sem absolvição.*

Decorridos alguns dias, o rapaz voltou à sacristia para procurar Padre Pio, como ele havia previsto. A humilhação pública tinha calado fundo na alma do rapaz. – *Uma alma que merece apanhar não deve ser acariciada!* – costumava dizer Padre Pio.

Depois de um "retiro" forçado, isto é, depois de pensar e se conscientizar da vida que levava, ajoelhou-se, chorando, aos pés de Padre Pio, que o recebeu de braços abertos, como um filho pródigo, uma ovelha perdida que voltava ao rebanho de Cristo.

Será que o Sacerdote Estigmatizado sabia daqueles três dias em que o rapaz se vira conflitado, debatendo-se entre o remorso e as tentações, a ponto de ter passado os três dias sem comer e nem beber coisa alguma?!... É certo que devia saber de tudo, pela maneira paternal e carinhosa com que o Padre o recebia. E o rapaz saiu do confessionário alegre e feliz, disposto a recomeçar um outro tipo de vida, sob as bênçãos de Deus.

MÃE LESADA PELOS FILHOS

Padre Pio manda procurar um determinado advogado de Roma.

– É um advogado comunista – observa a mulher.

– *Mas só ele poderá fazer algo por você* – responde o Padre.

A mulher obedeceu. Foi a Roma, procurou o advogado indicado por Padre Pio. Quando o advogado tomou conhecimento da causa, disse logo que era uma causa perdida. Mas, pediu alguns dias para estudar mais detalhadamente o caso.

E o advogado recebe a visita de Padre Pio, em bilocação. Só o conhecia de fotografias. E Padre Pio lhe indica o trecho do Código Penal no qual o advogado poderia se basear para ganhar a causa. E ganhou.

Diante disso, o advogado rasgou sua carta de adesão ao Partido Comunista, fez questão de ir a San Giovanni Rotondo para conhecer Padre Pio, converteu-se e tornou-se Diretor da Ação Católica de Roma.

O indício mais portentoso que manifesta a presença e a onipotência do Senhor em Padre Pio foi a conversão de tantos pecadores e extraviados.

SALVAÇÃO ETERNA DE UM AVÔ

Um jovem advogado foi se confessar com Padre Pio e, terminada a confissão, perguntou ao Padre por seu avô falecido havia quatro anos. E Padre Pio disse-lhe:

– *Teu avô era médico e, devido à caridade que praticava em sua profissão, já está no céu, na visão eterna de Deus!*

O penitente lembrou-se, então, de seu outro avô, falecido havia quinze anos. Havia sido um homem indiferente à religião, dizendo frequentemente:

– Para que ir à Missa?! Prefiro passear, admirar a natureza e rezar onde e quando tiver vontade. Para que me confessar?! Não roubei e nem matei ninguém...

E quando o jovem advogado perguntou a Padre Pio pelo segundo avô, Padre Pio empalideceu. E com voz trêmula, visivelmente emocionado, disse estas palavras:

– *Nem posso olhar para ele...*

CONDENAÇÃO ETERNA DE UM MARIDO QUE ABANDONA ESPOSA E FILHOS

Marido tendo abandonado a esposa e os dois filhos, juntou-se com outra mulher e três anos depois veio a falecer de câncer. Antes de morrer, recebera os últimos sacramentos.

Quando a verdadeira esposa soube do ocorrido, procurou Padre Pio e perguntou-lhe se o marido estava salvo.

Padre Pio estremeceu e chorou. Finalmente, tendo se controlado, respondeu:

– *Vou dizer a verdade porque sei que pode suportá-la: seu marido está eternamente condenado. Recebeu, é verdade, os últimos sacramentos mas silenciou vários pecados em sua última confissão e não teve arrependimento e nem firmes pro-*

pósitos de regeneração. Pecou também contra a misericórdia de Deus e dizia sempre que queria gozar a vida e que quando ficasse velho então se converteria.

"O divórcio é a rua principal para o inferno!" – dizia Padre Pio.

Com Deus não se brinca. De Deus não se zomba.

OS ANJOS E PADRE PIO

Através da Bíblia, sabemos da existência dos Anjos: II Cron. 18, 18- Tob 5,5-12,22 – Dan 7,10- Mt 22,30- Heb 12,22.

Através da Bíblia, conhecemos a hierarquia dos Anjos: Gen 3,24- Is 6,2-Col 1,16-I Pe 3,22-I Tes 4,16-Jud 9.

Através da Bíblia, sabemos de sua natureza e ministérios: Gên 16, 7–12; 18, 1–19,22; 21,17; 22,11; 24,7; 28,12: 31,11; 32,24; 48,16; -Êx 3,2; 13,21; 14,19; 23,20; 33,2-Num 20,16-Jô 5.4; 20,12s-At 1,10; 5,19; 6,15; 7,30; 8.26; 10,3; 11,13; 12,7-11,23; 23,9; 27.23 – Rom 8,38.

Os pregadores são também chamados "anjos": Is 23,7- Mal 2,7; 3,7 Mt 11,10-Mc 1,2- Lc 7,27-Gal 4,14-Apoc 2,3.

Padre Pio era grande devoto dos Anjos, principalmente do Arcanjo São Miguel. Ele via seu próprio Anjo da Guarda e brincava com ele, quando criança. Via também o Anjo da Guarda das outras pessoas.

E era comum Padre Pio aconselhar aos peregrinos que mandassem o Anjo da Guarda lhe transmitir seus pedidos e suas necessidades.

– *O Anjo da Guarda é obediente* – dizia Padre Pio. – *Mais obediente do que vocês!*

Certa vez uma senhora de Gênova, Adda Stulla, pediu ao

Padre Pio para ser seu Diretor Espiritual. Ao que o Padre respondeu:

– *Reza ao teu Anjo da Guarda e manda-o ter comigo, sempre que for preciso.*

Pelos idos de 1945, terminada a II Guerra Mundial, isto aconteceu com a senhora Amélia Banetti, filha espiritual de Padre Pio. Amélia morava numa aldeia de Turim, onde não havia agência de Correio.

Chegado o dia 20 de setembro, aniversário da estigmatização de Padre Pio, ela quis enviar ao Padre um telegrama de felicitações, como era hábito de seus filhos espirituais. No entanto, Amélia não encontrou pessoa alguma que fosse à cidade naquele dia, onde havia agência de Correio.

Estava inconsolável, quando, de repente, lembrou-se da recomendação do Padre, quando estivera com ele pela última vez:

– *Quando for preciso, manda o teu Anjo da Guarda ter comigo.*

E Amélia entrou em oração, pedindo fervorosamente ao seu Anjo da Guarda que levasse seus votos ao Padre Pio.

Decorridos alguns dias, Amélia recebia uma carta de sua amiga, Rosine Placentino, de San Giovanni Rotondo, transmitindo-lhe os agradecimentos do Padre pelos "votos espirituais que lhe enviaste".

Certa vez um casal de professores chegou do trabalho e verificou que um dos filhos estava com muita febre. Recorrerem aos remédios caseiros, sem resultados. Ficou, então, a mãe cochilando, perto do filho doente, e o pai foi tentar dormir no outro quarto, preocupado em ter forças para trabalhar no dia seguinte.

Lembrou-se do que aprendera com Padre Pio sobre os Anjos da Guarda e pediu ao seu Anjo que fosse pedir orações ao Padre Pio e que viesse em socorro da criança doente. Olhou para o relógio e viu que faltavam cinco minutos para uma hora.

Despertou às três horas da manhã e correu para junto do filho que dormia tranquilamente, completamente curado da febre e do mal-estar.

Acordando a esposa, confirmaram o restabelecimento da criança e os dois haviam feito a mesma coisa: tinham rezado ao respectivo Anjo da Guarda para ir pedir socorro a Padre Pio.

Depois de algumas semanas, o pai resolveu ir a San Giovanni Rotondo para agradecer pessoalmente ao Padre.

Lá chegando, encontrou Padre Pio na sacristia, cercado de peregrinos. Ao ver o professor, exclamou alegremente:

– *Vocês não deixam a gente em paz nem de noite!*

O pai, um tanto encabulado, quis pedir desculpas ao Padre Pio, mas este, com seu sorriso bondoso, interrompeu-o, dizendo:

– *Não precisa se desculpar. Alegro-me quando aparecem-me os Anjos, mesmo que seja durante a noite!*

E como o professor começasse, então, a agradecer-lhe o pronto restabelecimento do filho, Padre Pio falou:

– *Vai agradecer junto ao Tabernáculo, a Jesus Sacramentado e à Virgem Santíssima."*

Ainda um pouco tímido, o professor arriscou uma pergunta:

– Com licença, Padre, mas qual dos dois Anjos chegou aqui primeiro: o meu ou o da minha esposa?

Padre Pio sorriu e respondeu:

– *Teu Anjo veio cinco minutos antes de 1 hora; o de tua esposa, um pouco mais tarde.*

E até hoje, mesmo depois de Padre Pio ter morrido, seus "filhos espirituais" e seus devotos conservam este hábito de mandar o Anjo da Guarda levar seus pedidos e suas súplicas ao Padre Pio, no Céu.

SOFRIMENTO REPARADOR

Certa vez foi uma senhora ao Convento de São Giovanni perguntar ao Padre Pio porque sofria tanto, havia 30 anos, de males que nenhum médico conseguia diagnosticar e muito menos curar. Submetia-se sistematicamente a exames de toda ordem, mas continuava a sentir um mal-estar generalizado e fazia grande esforço em estar ali, em San Giovanni, para pedir ajuda ao Padre Pio.

– *Sua enfermidade é uma grande graça de Deus!* – exclamou Padre Pio, para grande perplexidade da mulher.

– *Tens dois irmãos que levam uma vida bastante desregrada, bem como outros parentes na mesma situação. Tu estás sofrendo e reparando por eles, para salvar-lhes a alma. Suporta mais dois meses e ficarás curada. Cada sofrimento é graça de Deus, embora ainda não compreendas isto.*

A substituição mística encontra-se na vida dos santos, como, por exemplo, em Padre Pio, que se oferecia em lugar de outras pessoas, a fim de aliviar-lhes o sofrimento.

O CASO DE AGNESE STUMPF
PRIMEIRO MILAGRE DE PADRE PIO,
DEPOIS DE SUA MORTE

A suíça-alemã Agnese Stumpf ouvira falar de Padre Pio por uma tia e ficou sua devota fervorosa, habituando-se bem depressa a confiar todos os seus problemas ao Estigmatizado do Gargano, confiando também suas intenções à sua intercessão.

Certa vez, foi acometida de uma dor muito forte num dos joelhos. Procurou logo um médico que lhe diagnosticou uma crise de artritismo, receitando alguns remédios que não a curaram definitivamente, pois a dor melhorava e depois voltava a incomodá-la.

Um dia, Agnese torceu o tornozelo e a dor foi tão forte que a fez procurar novamente o médico. Depois de uma radiografia, ele constatou o aparecimento de um tumor no joelho. A conselho do próprio médico da família, Agnese partiu da cidade de Vaghera, onde morava, e foi consultar Doutor Revotti, famoso especialista de Tortodi, que lhe confirmou a existência do tumor no joelho e aconselhou uma operação.

Contudo, a paciente não aceitou a ideia da operação e partiu para Milão, onde procurou um terceiro médico, Doutor Poll, que confirmou o diagnóstico da operação.

Não contente, Agnese resolveu procurar Padre Pio.

Chegou a San Giovanni Rotondo numa véspera de Natal, mas conseguiu, assim mesmo, confessar-se com Padre Pio. Explicou-lhe toda a sua problemática de saúde e Padre Pio lhe disse que aceitasse a operação, que não tivesse medo, pois ele a assistiria com suas orações.

Finalmente, em janeiro de 1968, Agnese foi hospitalizada, submetendo-se à operação, que obteve o maior êxito.

Durante dois meses consecutivos fez exames e radiografias e finalmente lhe retiraram o gesso, enfaixando-lhe a perna com ataduras e recomendando-lhe fisioterapia.

Mas, as dores voltaram e depois de uma biópsia de um dos ossos do joelho, foi verificado que seria necessário a amputação da perna, para salvar sua vida.

O osso do joelho tinha o aspecto de uma esponja: carcomido e cheio de pus, não aguentava mais o peso do corpo de Agnese.

Entre janeiro e outubro, um outro tumor se desenvolveu no mesmo local e era pior do que o primeiro. As células cancerosas já tinham entrado na corrente sanguínea. Os médicos queriam amputar-lhe a perna antes que o câncer se espalhasse por todo o seu corpo.

Entretanto, Agnese Stumpf recusou-se a fazer a segunda operação. Voltou para sua cidade, começou uma novena para Padre Pio e declarou que só faria o que Padre Pio lhe recomendasse, pois teria a certeza de que seria para o seu bem.

Seu pai, seu tio e demais familiares aconselharam-na a ouvir outro médico e assim Agnese foi examinada por um outro especialista, Doutor Carnacchia.

Depois de um "check-up" completo, o médico desaconselhou a amputação da perna. Sugeriu uma operação para tentar uma prótese no osso degenerado, mas a perna ficaria rígida.

Agnese continuava rejeitando ser operada pela segunda vez, com a certeza de que Padre Pio a ajudaria com outra solução.

Em maio do mesmo ano, foi a Milão e procurou outro especialista que, depois de examiná-la e de conferenciar com outros médicos, afirmou que a operação era inevitável.

Mais uma vez Agnese não quis ser operada. Conseguia se locomover com muita dificuldade, com o auxílio de uma bengala e de muletas, pois era do tipo pesada.

Resolveu, então, ir até San Giovanni Rotondo, ao hospital de Padre Pio, a Casa do Alívio do Sofrimento, com a perna parcialmente imobilizada. Foi examinada pelo Doutor Ficola, que também aconselhou a operação.

Agnese mais uma vez recusou-se a ser operada. Mas, não perdia a fé e a esperança numa outra solução vinda de Padre Pio. E continuava a rezar, implorando-lhe a sua ajuda.

E certa noite sonhou com Padre Pio: era recebida por ele num salão onde havia muita gente, também para ser atendida. Notou que Padre Pio estava sem os estigmas, com as mãos em perfeitas condições, sem o menor sangramento.

No sonho, Padre Pio, sorridente, ouviu pacientemente o relato de sua enfermidade e, tomando-a pelo braço, afastou-se com ela para uma extremidade da sala.

Agnese, surpresa por ter caminhado sem muletas e sem bengala, disse ao Padre:

– Estou andando sem muletas, sem bengala e sem que minha perna esteja imobilizada pelo gesso ou por talas. Dá--me licença, Padre Pio, para ir buscar minhas muletas e minha bengala... – ao que Padre Pio respondeu:

– *Para quê?!... Você não precisa mais delas!*

Neste ponto do sonho, Agnese Stumpf despertou.

E verificou que podia andar sem as muletas e sem a bengala.

Depois disso, Agnese ainda passou um ano e meio caminhando com o auxílio de uma bengala, com a perna entalada, para maior sustentação de sua compleição robusta e pesada.

Quando passou a andar normalmente, resolveu voltar ao hospital de Padre Pio, procurando Doutor Ficola.

Depois de inúmeras radiografias, o médico confirmou a completa reconstituição do osso carcomido pelos dois tumores, além de dar uma declaração, por escrito, de que o osso do joelho de Agnese Stumpf estava perfeito, absolutamente normal.

"Isto é um milagre!" exclamou o médico, pois sabia que os ossos do corpo humano não se reconstituem.

Agnese voltou também a Tortodi, sendo novamente examinada pelo Doutor Revotti e outros médicos, que repetiram todas as radiografias e foram unânimes em confirmar a cura de Agnese Stumpf, cura completa e inexplicável para a medicina.

Na opinião de todos os médicos, tratava-se, realmente, de um verdadeiro e autêntico milagre.

Muitas vezes, quando relatamos os milagres atribuídos à

intercessão de Padre Pio, de repente tudo parece absurdo, inacreditável e fantástico.

Mas, a verdade é que as experiências espirituais e sobrenaturais são muito fortes para a nossa natureza e ficam marcadas para sempre, em nossa alma.

Depois que conhecemos Padre Pio, Deus fica mais perto.

A PRIMEIRA INTERCESSÃO DE PADRE PIO

Ele era criança. Tinha apenas 9 anos de idade.

E ele próprio contava que certa vez foi à festa de São Pelegrino, em companhia do pai, numa cidade próxima a Pietrelcina.

Viu, então, nos degraus de um altar lateral da Igreja onde estava, uma mulher com uma criança disforme nos braços. Ao mesmo tempo que gritava, pedindo a cura da criança, gritava terríveis blasfêmias, revoltada e inconsolável com seu problema.

E Padre Pio contava que, impressionado e ao mesmo tempo atraído por aquela cena dantesca, se pusera a rezar, unindo suas orações às orações daquela mãe desesperada, pedindo a cura do filho.

De repente, a mulher jogou a criança para o alto, em direção ao altar, gritando, revoltada: "Fique com ela!... Ela é sua!"

Francesco, o futuro Padre Pio, continuava a rezar e qual não foi a sua surpresa ao ver a criança "retroceder" no espaço e voltar aos braços da mãe, curada de sua deformidade!

Padre Pio contava este fato sempre com lágrimas nos olhos.

E certamente ele nem sabia que se tratava de sua primeira intercessão milagrosa... Mas, Deus sabia.

DOR DE DENTE

Embora este caso esteja nos livros sobre Padre Pio, ele nos foi contado pela irmã de quem receberia o milagre e que hoje é freira, num Convento de Roma, onde estávamos hospedados.

– Meu irmão estava com uma terrível dor de dente e não conseguia dormir. Já tinha feito de tudo para aguentar até o dia seguinte, quando procuraria um dentista. Começou, então, a invocar Padre Pio, que na época ainda estava vivo, em San Giovanni. E a dor de dente não passava. De repente, meu irmão pegou um sapato e atirou, enraivecido, contra um retrato do Padre que havia na parede, gritando-lhe: "Cura meu dente, Padre Pio! O senhor não está me ouvindo?!"

Desse momento em diante a dor foi melhorando, permitindo que meu irmão dormisse o resto da noite, bem como toda a família.

Decorrido algum tempo, arrependido e envergonhado, meu irmão resolveu ir até San Giovanni Rotondo. Queria saber se Padre Pio tinha conhecimento de seu ato impensado e ao mesmo tempo pedir-lhe perdão e agradecer pela dor de dente curada.

Tinha preparado mentalmente como iria lhe contar o fato. Mas, ao ajoelhar-se para começar sua confissão, Padre Pio lhe disse, em tom de brincadeira: *"Não é das coisas mais agradáveis do mundo levar um sapato na cara!..."*

REALIDADE ESPELHADA

– *Trato as almas como Deus me faz vê-las!* – dizia Padre Pio.

Uma inglesa procurou Padre Pio para se confessar e ouviu dele:

– *Não disponho de tempo para você! Muda de vida!*

Ela voltou várias vezes, mas Padre Pio recusava-se peremptoriamente a recebê-la.

A inglesa queixava-se da severidade de Padre Pio e insistia em pegar número para se confessar com o Sacerdote Estigmatizado até que, um dia, Padre Pio a recebeu no confessionário, dizendo-lhe logo de saída:

– *Pobre cega! Em vez de reclamar da minha severidade, deveria perguntar a si mesma como a misericórdia de Deus poderia aceitá-la depois de tantos anos de uma vida sacrílega! Quem comete sacrilégios e recebe comunhões sacrílegas, está recebendo a própria condenação! Sem uma graça especialíssima, obtida pelas almas muito próximas de Deus, você não poderá se salvar! Comungando em pecado mortal, ao lado de sua mãe e de seu marido!...*

A inglesa se converte, abandona a vida dupla que levava, com aventuras ilícitas, e agradece ao Padre Pio a "espelhada" na realidade de sua vida.

E não se pode admirar Padre Pio, gostar de Padre Pio ou ser devota de Padre Pio sem acreditar e aceitar o que ele representa: a Religião Católica e todos os ensinamentos contidos na Bíblia.

CURA DE CONSIGLIA DE MARTINO
BEATIFICAÇÃO DE PADRE PIO DE PIETRELCINA

Quando se trata de milagre, um mistério divino, a Igreja é muito cautelosa e toma todas as precauções para reconhecer oficialmente a interferência direta de Deus numa ocorrência de solução inexplicável.

Antes de declarar uma pessoa "Beata", isto é, que vive no Paraíso, a Igreja, através de seus canais competentes, procede a uma longa e acurada investigação, até reconhecer, na presença do Papa, a autenticidade do dito milagre.

E a cura completa, instantânea e duradoura de Consiglia de Martino, italiana de Salerno, 46 anos, casada e mãe de três filhos, foi reconhecida como um milagre por intercessão de Padre Pio, numa segunda-feira, dia 21 de dezembro de 1998, diante do Papa João Paulo II.

Em fins de outubro de 1995, Consiglia foi vítima de um mal-estar súbito, com sufocação. O pescoço apresentava uma inchação, na base da clavícula esquerda.

Foi internada no Hospital de Salerno e, depois de submetida a uma série de exames, os médicos diagnosticaram a ruptura do canal linfático do tórax, com um derrame calculado em dois litros de líquido linfático.

Tornava-se imprescindível e urgente uma intervenção cirúrgica.

Antonio Rinaldi, o marido, e os filhos de Consiglia foram comunicados sobre a necessidade e a periculosidade da operação. Consiglia, profundamente devota de Padre Pio, começou imediatamente a rezar, dizendo: *"Padre Pio, o senhor é quem sabe. Confio-me a ti. Ajuda-me!"*

Resolveu telefonar a Frei Modestino, em San Giovanni, que havia sido grande amigo de Padre Pio e com quem a família mantinha contato, em termos espirituais, pedindo orações.

No dia 2 de novembro de 1995, Consiglia deveria ser operada. Estava atemorizada e preocupada com a família e passou a noite sem conseguir dormir.

Em dado momento, sentiu um perfume intenso e suave, sem saber de onde vinha. Era a presença de Padre Pio, como ele próprio dizia, a respeito dos perfumes que enviava aos seus fiéis. E só então Consiglia conseguiu conciliar o sono.

E sonhou. Sonhou com Padre Pio que lhe dizia:

– *Não te preocupes... Quem vai te operar sou eu. Amanhã estarás bem.*

Realmente, no dia seguinte Consiglia estava bem. Acordou se sentindo muito bem e verificou que a inchação do pescoço havia desaparecido. Não havia nem vestígios da enfermidade.

Os médicos, estarrecidos, não acreditavam no que viam. Refizeram os exames, examinando também a doente, reuniram-se em conferências, repetiram mais uma vez todos os exames, sem encontrar uma explicação científica para o ocorrido. Mantiveram Consiglia hospitalizada ainda por alguns dias, mas concederam-lhe alta e autorizaram sua ida para casa. Apenas Consiglia, sua família e Frei Modestino sabiam que havia sido obra de Padre Pio, um milagre por intercessão de Padre Pio.

E a Igreja também veio a reconhecer *"o milagre atribuído à intercessão do Venerável Servo de Deus, Padre Pio de Pie-*

trelcina, sacerdote e professando a Ordem dos Frades Menores Capuchinhos, nascido a 25 de maio de 1887, em Pietrelcina, e falecido a 23 de setembro de 1968, em San Giovanni Rotondo", segundo o documento lido no Vaticano e assinado pelo Papa João Paulo II, no dia 21 de dezembro de 1998, na Sala do Consistório.

No referido documento eram citadas as chagas dos pés, das mãos e do lado do Capuchinho, "sinais da Paixão de Cristo."

E assim, depois de 30 anos de polêmica e perseguições, encerrava-se o processo de seis volumes e sete mil páginas para a Beatificação de Padre Pio de Pietrelcina.

CURA DE MATTEO PIO COLELLA
CANONIZAÇÃO DE PADRE PIO DE PIETRELCINA

A cura milagrosa de Matteo Pio Colella, atribuída à poderosa intercessão de Padre Pio de Pietrelcina, ocorreu na Casa Alívio do Sofrimento, em San Giovanni Rotondo, nos primeiros meses do ano de 2000.

Matteo Pio Colella nasceu em San Giovanni Rotondo, no dia 4 de dezembro de 1992, de pais saudáveis, Maria Lucia e Antonio Colella.

Contava sete anos de idade quando apresentou sintomas de qualquer gripe mais forte: indisposição, febre alta e dor de cabeça.

No dia seguinte, quando a mãe do menino entrou em seu quarto, assustou-se com o olhar vago de Matteo e ainda mais com o fato de não a reconhecer.

O pai de Matteo era médico e até então não via motivo para alarme, opinião compartilhada por um pediatra amigo da família que acabara de examinar o menino.

Mas, a mãe sentia o coração apertado. Por simples intuição de mãe, estava preocupada com o menino.

Inclinou-se sobre a criança, para melhor observá-la e quando quis beijá-lo, afastando ligeiramente a gola de seu pijama, viu manchas violáceas na pele do pescoço e do tórax de Matteo.

Chamou imediatamente pelo marido, que, ao constatar as manchas escuras no corpo da criança, percebeu o sinal de alarme: meningite.

Chamaram imediatamente o médico Doutor Pellegrini e depois de alguns instantes saíam apressadamente com Matteo Pio para o Pronto Socorro da Casa Alívio do Sofrimento, o hospital de Padre Pio.

Em 15 minutos ele estava na sala de emergências pediátricas.

Não conseguiam pegar suas veias. Mas o menino continuava falando, depois de um período de certa confusão sensorial.

Matteo pedia água o tempo todo. Era uma sede insaciável, devido ao estado de choque em que se encontrava.

De repente, para grande surpresa de seus pais e dos médicos, Matteo disse:

– Quando eu crescer, quero ser rico para dar tudo aos pobres!

Aquela frase atingiu em cheio o coração da mãe, do pai e até mesmo de um dos médicos, Doutor Gorgoglione, que, alguns dias depois, veio a comentar o fato com os pais.

Talvez significasse um sinal de Jesus de que o menino sobreviveria, que cresceria e ajudaria aos pobres.

Era o que pensava sua mãe, esperançosa.

Finalmente, feita uma punção lombar, ficou comprovado um caso de meningite e foi iniciado um tratamento à base de antibióticos e de cortisona.

Tudo levava a crer que se tratava de uma forma grave de meningite hiperaguda e septicêmica, com insuficiência de vários órgãos.

A mãe tinha a impressão de que seu filho estava "indo embora". Mas, rezava sem parar: "Jesus, me ajuda... Jesus, Maria e Padre Pio, ajudem-nos... Não nos abandonem..."

Às onze e meia da mesma noite, Matteo Pio era levado para o CTI, onde foi devidamente entubado. A situação se agravava devido à dificuldade respiratória, bradicardia acentuada, choque septicêmico e comprometimento miocárdico.

O pai da criança, como médico que era, e mais o amigo Doutor Pellegrino entravam e saíam do Centro de Tratamento Intensivo, em busca de notícias, em busca de esperança.

Enquanto isso, Maria Lucia rezava ininterruptamente, com o irmão Nicola. Foi uma noite de súplicas a Jesus, a Maria e ao Padre Pio.

Na manhã seguinte, o estado de Matteo Pio continuava a agravar-se.

Parentes, amigos e sacerdotes cercavam o casal. Mas Maria Lucia e Antonio pediam apenas orações, pediam que todos rezassem pelo seu Matteo Pio.

Pela fisionomia dos médicos, pressentia-se a gravidade do caso.

Em dado momento a boca de Matteo encheu-se de uma espécie de espuma viscosa e foi então constatado um edema pulmonar, em consequência da insuficiência cardíaca.

Houve uma parada cardíaca.

Mas a mãe de Matteo Pio continuava a rezar.

Já que não podia entrar no CTI, resolveu ir até o Convento e pediu para rezar na cela de Padre Pio.

A porta da cela lhe foi aberta por Padre Rinaldi e Maria Lucia rezava diante do leito de Padre Pio, diante das relíquias de Padre Pio.

Aquela mesma porta lhe tinha sido aberta no dia de seu casamento, a fim de que pudesse suplicar a Padre Pio, com maior fervor, sua proteção e sua bênção à família que começava a se formar com seu casamento.

E, agora, a mãe de Matteo Pio implorava a Padre Pio que não permitisse que aquela mesma família ficasse desfalcada. Que o Padre levasse seu pranto e suas preces a Deus.

Enquanto isso, os médicos lançavam mão de todos os recursos para salvar Matteo Pio, mas não havia a menor reação por parte da criança enferma.

À noite, fora permitido à mãe de Matteo Pio rezar um Rosário diante do túmulo de Padre Pio, juntamente com os Frades do Convento. E Maria Lucia relata que, de olhos fechados, com a cabeça apoiada no mármore frio do túmulo de Padre Pio, tivera uma espécie de visão intelectual: viu um Frade ao lado da cama de um doente. Era uma criança que o Padre tomava pela mão e colocava de pé, tudo em questão de segundos.

Maria Lucia abriu e fechou os olhos rapidamente, na esperança de continuar a ver a cena, mas tudo desaparecera. E ela continuava rezando e confiando na Providência Divina, sempre pedindo a intercessão de Padre Pio.

A lembrança de uma frase de Padre Pio sobre a oração não abandonava um só instante o coração de Maria Lucia: *"A oração é uma força poderosa, é uma chave que abre o coração de Deus"*.

E ela de convento em convento, debaixo da neve e sob o frio de rigoroso inverno, pedindo orações às comunidades religiosas, rezando em conjunto com grupos de parentes e amigos.

Esperava contra toda a esperança. E suplicava a intercessão de Padre Pio sem cessar.

Finalmente, no dia 22 de janeiro, um sábado, Maria Lucia pediu licença para rezar novamente na cela de Padre Pio e Padre Rinaldi lhe abriu mais uma vez a porta da cela.

Maria Lucia entrou, ajoelhou-se e, enquanto as lágrimas lhe escorriam pelo rosto, começou a sentir a presença de Padre

Pio muito forte, junto a si, como se ele quisesse demonstrar sua proteção e sua intercessão.

E Maria Lucia redobrou suas orações, pedindo a cura de Matteo Pio.

Em seguida, foi também à cripta da Igreja, ajoelhou-se novamente diante do túmulo de Padre Pio e rezou novamente o Rosário, em companhia dos Frades do Convento.

No dia 23 de janeiro, Maria Lucia e Antonio tinham conseguido marcar uma hora para conversar e pedir orações ao Frei Modestino, encarregado da portaria do Convento. Frei Modestino era conterrâneo de Padre Pio, seu "filho espiritual" muito chegado por amizade de família. Diziam que Padre Pio estava sempre ao lado de Frei Modestino, ouvindo-lhe as orações e os pedidos. Quando o casal chegou diante do humilde Frade, mal podiam explicar as condições do filho doente e pedir orações, pois soluçavam sem parar.

Frei Modestino, com sua maneira peculiar de se expressar, metade em italiano, metade em dialeto, começou por lhes abençoar, dizendo:

– Tenham fé, tenham fé! Não se revoltem contra a vontade de Deus, mas rezem!

E dirigindo-se ao Senhor:

– Senhor, o Senhor lhes deu, então agora lhes restitua o filho!

E voltando a se dirigir ao casal lavado em lágrimas:

– Mas, vocês continuem a rezar e não se rebelem contra a vontade de Deus. Eu, de minha parte, ofereço a minha vida e os meus sofrimentos por Matteo Pio!

Em seguida, Frei Modestino toma o Crucifixo que lhe fora dado por Padre Pio, faz com que Maria Lucia e Antonio o beijem, depois abençoa os dois e dirigindo-se a Padre Pio, diz:

– Reza pelo Matteo, Padre Pio! Pede pelo Matteo! Faça com que esse milagre sirva para a tua canonização! Tu precisas de um milagre para ser Santo, então ajuda ao Matteo e suba aos altares com ele!

Em seguida, voltando-se para os pais de Matteo, disse-lhes:

– Eu acho que vai ser assim: Matteo ficará curado e levará Padre Pio aos altares!

Despediram-se do Frade amigo e foram para a Igrejinha antiga, onde Maria Lucia teve uma inspiração muito forte para que todos da família, inclusive eles dois, recorressem ao Sacramento da Reconciliação e à Comunhão, e neste momento mais belo da Missa, em comunhão com o Cristo Crucificado, elevassem aos céus suas orações pela cura de Matteo.

E assim foi. Toda a família atendeu ao seu pedido.

Enquanto rezava, Maria Lucia tinha a impressão de ouvir as palavras de Padre Pio:

– *Não tenhas medo! Não estás só, em tua agonia!*

Padre Pio tinha razão, pois os irmãos e a cunhada de Maria Lucia não a deixavam sozinha um só instante, acompanhando-a em suas orações, junto ao Crucifixo diante do qual Padre Pio havia recebido os estigmas visíveis.

Depois desta oração em conjunto, ao descerem os últimos degraus da escada que levava à sacristia da Igreja, sentiram um intenso perfume de flores. Era, sem dúvida, a presença certa de Padre Pio, anunciando alguma coisa boa para Matteo Pio, embora, aparentemente, não houvesse a menor esperança por parte dos médicos. Matteo estava em coma induzida havia já seis dias.

Foi feita, então, uma tomografia computadorizada da cabeça do menino e o resultado foi animador, pois não havia a menor lesão no cérebro.

Depois de vários dias sem entrar no CTI onde se encontrava o filho, Maria Lucia, em companhia do marido e incentivada por uma grande amiga, toma coragem e resolve pedir autorização para ver Matteo.

Foi um grande choque para a mãe ver Matteo Pio entubado, o corpo coberto de úlceras e manchas escuras, de olhos fechados, respirando através dos aparelhos.

Fez uma fervorosa oração diante do filho em coma, pedindo a Jesus que não o levasse, suplicando ao Padre Pio que ficasse junto do menino, de mão dada com ele, já que ela não podia fazê-lo.

Naquela noite, quando Maria Lucia chegou a sua casa, encontrou uma bela surpresa: um dos frades do Convento de Padre Pio havia lhe deixado uma oração escrita por Padre Pio, datada de 1934, que dizia: *"Nos momentos tristes, chore, porque seu pranto será de confiança, porque as lágrimas que Deus faz correr são um prelúdio da torrente de graças que dessas lágrimas emergirão!"*

Finalmente, no dia 31 de janeiro, quando Maria Lucia se preparava para ir ao hospital, atende ao telefonema de um carpinteiro amigo, perguntando se podia levar um retrato de Padre Pio para Matteo. Maria Lucia concorda.

Em seguida, toca novamente o telefone e era Antonio, seu marido, que lhe falava do hospital para lhe dizer que Matteo Pio tinha aberto os olhos e saíra do estado de coma.

Estava acordado. Compreendia alguma coisa e parecia reconhecer as pessoas.

Um misto de alegria e de medo fizeram com que ela saísse correndo para o hospital, onde encontrou Antonio e foi logo vestindo as roupas especiais para entrar na parte envidraçada do CTI.

E lá estava seu filho, de olhos abertos, olhar sereno, transmitindo uma nova esperança a todos.

Maria Lucia continuava a invocar Jesus, Maria e Padre Pio, enquanto voltava rapidamente à sua casa para comer qualquer coisa que pudesse sustentá-la por tempo indeterminado junto ao filho.

Pouco depois chegou o carpinteiro amigo, com o retrato de Padre Pio para Matteo Pio. Era uma fotografia do Padre com uma imagem do Menino Jesus nos braços.

No verso da foto, uma dedicatória de Padre Pio a uma "filha espiritual" que, por incrível coincidência, chamava-se Lucia, como a mãe de Matteo. E as palavras do Padre diziam: *"Querida Lucia, desejo-te um santo aniversário e que Maria afaste de ti todos os temores, acalmando teu espírito e te tornando digna da Misericórdia Divina, apresentando Jesus a ti, na plenitude de Sua Glória! (Padre Pio)"*

E assim começou a recuperação de Matteo Pio.

As primeiras horas foram de intenso sofrimento. O menino querendo falar, sem poder, por causa dos tubos, pois lhe haviam feito também traqueotomia e gastrostomia. Queria se comunicar com os pais, lhes fazer uma porção de perguntas, mas era-lhe totalmente impossível.

No dia seguinte, Maria Lucia já obteve permissão para fazer companhia ao filho, cujo olhar ainda não estava normal. Os olhos do menino giravam sem parar.

De vez em quando, conseguia sussurrar alguma coisa e Maria Lucia aprendeu depressa a fazer leitura labial do que o menino dizia.

E abrindo e fechando a mão direita, Matteo Pio murmurava: "Quero o Padre Pio!... Quero o Padre Pio!..."

A mãe, sem entender o significado de tudo aquilo, resolveu colocar uma foto de Padre Pio na mão direita de Matteo, na mão que se abria e fechava, já que o menino parecia "querer" a presença do Padre.

Decorridos sete dias do "despertar" de Matteo Pio, ele já podia ver televisão, distrair-se com alguns joguinhos, embora se encontrasse ainda muito fraco.

Seus órgãos já haviam voltado à normalidade e seus exames melhoravam rapidamente.

Em dado momento, Matteo Pio perguntou a sua mãe por que lhe haviam feito dormir e por quanto tempo.

Maria Lucia, para não assustá-lo, disse que haviam feito ele dormir para que melhorasse mais depressa e apenas por uma noite. E perguntou-lhe se havia sonhado alguma coisa.

Matteo, visivelmente se esforçando para lembrar, acabou por dizer que tinha visto a si mesmo, de longe, e que estava acompanhado por um velho de barba branca, com uma roupa marrom, comprida. E este velho lhe segurava a mão direita, dizendo que ele não se preocupasse, pois logo ficaria curado.

Maria Lucia não acreditava no que estava pensando. De súbito, apanhando a fotografia de Padre Pio que o filho segurava entre os dedos, sem que ainda a tivesse visto, colocou-a diante dos olhos de Matteo Pio.

O menino tentou fixar a vista e, de repente, uma expressão de grande alegria lhe invadiu o semblante. E com muita dificuldade, quase sem emitir sons, Matteo Pio disse:

"É ele, mamãe... é Padre Pio... era Padre Pio que estava perto de mim!"

Maria Lucia teve ímpetos de cair de joelhos e agradecer a Deus aquele maravilhoso sinal de Padre Pio, já com a certeza de que seu filho ficaria curado.

No entanto, Matteo Pio ainda tinha alguma coisa a dizer: tinha visto três Anjos grandes, do outro lado de sua cama. A mãe quis saber como o menino reconhecera os Anjos, ao que Matteo explicou: "Pelas asas. Um estava de branco, com asas amarelas, e os outros dois estavam de vermelho, com asas brancas."
A mãe perguntou ao menino o que lhe haviam dito os Anjos.

– Nada! Ficaram ali em silêncio.

– Você via o rosto deles? – continuou a mãe.

– Não, porque eram muito luminosos – respondeu o menino.

E no dia 26 de fevereiro de 2000, um mês e seis dias depois de adoecer, Matteo Pio foi dado por totalmente curado pelos médicos que acompanharam sua enfermidade e ministraram--lhe tratamentos.

Recebia alta e suas condições de saúde eram absolutamente normais, sem consequências ou sequelas da meningite.

Embora os médicos tivessem demonstrado alto grau de competência e dedicação no tratamento de Matteo Pio, ficava evidente a interferência direta de Deus, exatamente pelas explicações posteriores sobre a marcha implacável da doença que nada conseguia deter.

Os próprios médicos relataram que, em determinado ponto da enfermidade, consideraram o caso sem solução, pois os batimentos cardíacos do menino eram cada vez mais fracos e não era mais possível registrar sua pressão arterial. O edema pulmonar se agigantava. Não havia mais coisa alguma a fazer.

Foi quando o médico, Doutor Gáudio, diante do estado do paciente e do pedido de uma médica para tentar qualquer coisa que fosse, exclamou:

– Está bem. Podemos tentar qualquer coisa que seja, mas agora Padre Pio precisa meter as mãos!

Tentaram, então, uma dose cavalar de Adrenalina. Ministraram-lhe 5 ampolas (a dosagem deveria ser de 1 ampola) que não produziram o menor efeito, mesmo que um efeito adverso.

Contudo, repentinamente Matteo Pio começou a reagir, sem causa conhecida dos médicos.

Decorridos alguns dias, Matteo Pio voltou a falar de seu "sonho" com Padre Pio, fornecendo maiores detalhes a sua mãe:

– Primeiro eu me via na cama, onde estavam os aparelhos e os fios. Depois, comecei a ver, através da porta do meu "Box", uma porção de raios de luz que começaram a entrar e acabaram me acordando. Então, vi primeiro Padre Pio e, do outro lado da minha cama, vi os Anjos.

– E o que você achou de toda aquela luz? – perguntou-lhe a mãe.

– Pensei que talvez fosse Jesus! – respondeu.

– E você estava sentindo alguma coisa? – insistiu a mãe.

– Não, nada. Sentia-me bem porque não estava sentindo coisa alguma. Depois, quando vocês me acordaram, me senti mal. Estava sozinho. Padre Pio e os Anjos não estavam mais perto de mim. E eu fiquei triste porque procurava por eles e não os via mais...

– Você disse que esteve com Padre Pio. Como é que você pode estar tão certo disso? – indagou a mãe.

– Porque ele era igualzinho àquele que está ali no retrato! Além disso, em nossa casa há fotografias de Padre Pio em todos os quartos...

– É verdade, Matteo, você já conhece bem Padre Pio – continuou a mãe.

– Mas, por que você não pediu algo a ele?!
– Eu não podia falar... Não se lembra de que eu estava entubado? Mas, de uma outra vez eu pude falar com ele.
– Quando? – quis saber a mãe.
– Algumas noites depois de já ter acordado, sonhei que fazia uma viagem com Padre Pio. Foi uma espécie de um voo... Padre Pio me deu a mão e fomos a uma cidade famosa... Como se chama mesmo, mãe?
– Não sei, meu filho. Será que foi Nápoles?... Ou Foggia?...
– Nada disso, mãe... Foi aquela cidade onde já fomos todos juntos... Já sei... Foi Roma, Padre Pio me levou até a cidade de Roma!
– E o que é que vocês foram fazer em Roma? – perguntou a mãe.
– Fomos até um hospital onde havia um menino de uns onze anos, muito doente. Tive a impressão de que o conhecia. Foi então que Padre Pio me falou, mas não com a boca, apenas em pensamento, me perguntando se eu queria curar o menino. Perguntei a ele o que era preciso para isso e o Padre me respondeu que era só uma questão de vontade firme. Depois disso, não vi mais Padre Pio.

Matteo Pio já havia contado este sonho ao seu tio Giovanni, ainda no hospital, e outras pessoas que estavam por perto também tinham ouvido seu relato sobre a viagem a Roma com Padre Pio, onde vira um menino doente, enrijecido, retornando à vida, através de sua vontade muito forte de curá-lo.

Sua mãe não ousava dar significado especial ao sonho do menino. O fato era que, depois de tantos dias em coma induzida, Matteo relatava seu sonho com total clareza, repetindo tudo com absoluta exatidão e segurança.

O sentido de tudo isso, só Deus sabia.

Para os pais, a família e os amigos de Matteo Pio, o importante era que o Senhor havia estado sempre muito perto, concedendo a grande graça da cura total e duradoura do menino, por intercessão de Padre Pio, cuja missão, em suas próprias palavras, era de *"propiciação; propiciar Deus, nos embates da família humana."*

A Conferência Médica, realizada no dia 22 de janeiro de 2000, chegou às seguintes definições conclusivas:

Diagnóstico: *"septicemia meningocócica hiperaguda, com choque séptico severo, gravíssima hipotensão arterial, parada cardiorrespiratória, seguida por insuficiência cardíaca prolongada, coagulação intravascular disseminada e insuficiência de vários órgãos e sistemas. (5 / 5)"*

Prognóstico: *"Prognóstico fatal. (5 / 5)"*

Terapia: *"Terapia médica adequada: eficaz no combate à infecção bacteriológica, porém ineficaz nas consequências do choque séptico: terapia inexistente para as sequelas cerebrais e prevenção das mesmas. (5 / 5)."*

CURA: Inesperadamente, às 11 horas da manhã do dia 31 de janeiro, Matteo Pio despertara do coma por sedação, abriu os olhos, reconhecendo as pessoas, compreendendo o que lhe era dito e os médicos suspenderam a sedação. O processo de recuperação do estado era rápido.

A 5 de fevereiro, o doente passou a respirar normalmente, sem auxílio de aparelhos.

A 6 de fevereiro, Matteo Pio estava completamente acordado, lúcido e participante.

A 12 de fevereiro, foi transferido para a sessão de pediatria. Todos os seus exames estavam normais.

E a 26 de fevereiro de 2000, completamente curado, recebeu alta para retornar à casa.

AVALIAÇÃO TEOLÓGICA:

O Congresso Especial de Teólogos, chamado para discutir sobre a cura milagrosa atribuída à intercessão do Beato Padre Pio de Pietrelcina, depois da exposição dos votos dos singulares Consultores, expressou-se em unanimidade afirmativa (7/7), classificando o milagre em III Grau, baseando-se nas datas apresentadas com indiscutível clareza.

Dos exames clínicos, ficou comprovada a gravidade da enfermidade do menino Matteo Pio, diagnosticada como "Meningite hiperaguda sob forma septicêmica com uma insuficiência funcional multiorgânica, insuficiência respiratória, coagulação difusa, insuficiência renal aguda e insuficiência cardíaca."

A possibilidade de cura reduzida a zero. Prognóstico dito fatal, em relação à sobrevivência do doente, confirmado pela Conferência Médica de 22 de janeiro de 2000.

Diante deste caso que se apresentava desesperador, criou-se uma verdadeira cadeia de solidariedade em torno dos pais de Matteo Pio que envolvia não só os médicos, como também os paramédicos que acompanhavam o paciente, inclusive os Frades do Convento de San Giovanni Rotondo, onde está sepultado o Beato Padre Pio de Pietrelcina.

Torna-se importante o testemunho do pai de Matteo Pio: "Desde a primeira noite do tratamento de meu filho, minha mulher e eu, mais nossos familiares, amigos, conhecidos e pessoas que viemos a conhecer através dessas orações conjuntas a Deus, rezávamos exclusivamente por intercessão do Beato Padre Pio."

Todas as testemunhas foram unânimes em reconhecer um caso sem outras explicações que não fosse uma interferência direta de Deus, totalmente sobrenatural, pois, pelos conhecimentos científicos atuais, a progressão galopante da doença, com suas complicações inesperadas e inusitadas, não poderia ter sido debelada por meios humanos.

Segundo Monsenhor Andréa Maria Erba, em seu artigo publicado em "Voce di Padre Pio", Anno XXXIII – n.3 – Marzo 2002, *"a cura de Matteo Pio Colella é um milagre de terceiro grau (o quoad modum) realizado por Deus, por intercessão do Beato Padre Pio de Pietrelcina."*

VIVA PADRE PIO!!!

A ÚLTIMA MISSA DE PADRE PIO

Era o dia 22 de setembro de 1968 e havia dois dias que se comemorava o IV Convênio Internacional dos Grupos de Oração de Padre Pio.

A cidade de San Giovanni estava repleta e a Igreja transbordava de fiéis, peregrinos, "filhos espirituais" e devotos de Padre Pio.

No entanto, naquela manhã, Padre Pio parecia não ter condições de descer para celebrar a Santa Missa.

Estava muito enfraquecido, desfigurado e exausto.

Mas, seu Superior insistiu para que ele a celebrasse, pois a cidade estava cheia de seus "filhos espirituais", devotos e amigos que haviam comemorado também o aniversário de suas chagas, no dia 20.

E Padre Pio obedeceu.

Subiu os degraus do altar com visível esforço, amparado por dois Confrades, e, com um fio de voz, ainda conseguiu cantar o que seria a sua última Missa Solene Cantada.

No momento da Consagração, quando elevou a Sagrada Hóstia, suas mãos livres das chagas chamaram a atenção de alguns, pois já podiam ser vistas.

E ao final da Missa, em meio a um doce perfume de rosas, Padre Pio entoou o "Ite Missa est!", entrecortado pelos acessos de tosse.

Em seguida, ao dar os primeiros passos para se retirar, ele teve um desmaio e se não fossem as mãos e os braços fortes de seus Confrades, teria caído ao chão.

Conduziram-no até a cadeira de rodas e levaram-no até a Sacristia. E à medida que se afastava da multidão de seus "filhos espirituais", integrantes dos seus Grupos de Oração, olhava fixamente para eles, com um misto de ternura e de emoção em seu semblante, enquanto repetia baixinho : *"Meus filhos... meus filhos..."*.

A ÚLTIMA NOITE DE PADRE PIO NESTE MUNDO

É Padre Pellegrino quem nos relata os últimos momentos de vida de Padre Pio, como seu fiel acompanhante e "filho espiritual":

"*Pouco depois das 21 horas do dia 22 de setembro de 1968, quando Padre Mariano já se distanciava da cela n. 4 e eu entrava na cela, Padre Pio, através de um interfone, me chamou. Encontrei-o deitado sobre seu lado direito. Quis saber para que horas estava marcado o despertador sobre sua cômoda, referindo-se à Missa do dia seguinte.*

De seus olhos avermelhados escorria uma lágrima que enxuguei e me retirei para a cela n.4, ao lado da sua, mantendo-me acordado e prestando atenção no interfone.

Padre Pio ainda me chamou por cinco vezes, antes da meia-noite, sempre com algumas lágrimas lhe escorrendo no rosto, mas era um pranto suave e tranquilo.

À meia-noite, como um menino medroso, me suplicou:

– Fica comigo, meu filho!

E começou a me perguntar as horas com muita frequência. Olhava para mim com olhos suplicantes, apertando minha mão.

Em seguida, como se já tivesse esquecido o correr das horas, perguntou-me:

– Uagliù (garoto) você já celebrou a Missa?

– Ainda é muito cedo para a Missa, Pai Espiritual! – respondi.

– Bem... então esta manhã você celebra para mim? – perguntou-me.

– Todas as manhãs eu celebro a Missa em suas intenções, Pai

Espiritual! – disse-lhe eu.

Em seguida, Padre Pio quis se confessar.

Depois da Confissão Sacramental, disse-me:

– Meu filho, se Deus me chamar hoje, pede perdão em meu nome a todos os Confrades, pelo incômodo que lhes causei aqui e peça a eles e aos meus "filhos espirituais" uma oração pela minha alma.

– Pai Espiritual, tenho certeza de que Deus lhe permitirá viver ainda por muito tempo. Mas, se o senhor estiver certo, em suas intuições, posso lhe pedir uma última bênção para seus Confrades, para seus "filhos espirituais" e para seus doentes? – perguntei.

– Sim, eu abençoo a todos! Mas, peça ao Padre Superior para ele próprio transmitir a minha bênção aos nossos Confrades – disse o Padre.

Em seguida, pediu-me para renovar seus votos de profissão religiosa.

E já era 1 hora da manhã quando me disse:

– Ouça, meu filho, aqui na cama não estou respirando bem. Ajude--me a passar para a cadeira, onde poderei respirar melhor.

Padre Pio costumava levantar-se entre uma e três horas da manhã, para se preparar para a Missa. E costumava andar um pouco pelo corredor, antes de sentar-se para esta preparação.

Fiquei realmente muito feliz, quando o vi andando ereto e firme como um jovem, sem precisar de minha ajuda.

À saída de sua cela, disse-me:

– Caminhemos um pouco até o avarandado.

Segurei-o pelo braço. Ele mesmo acendeu a luz e chegou até perto da poltrona. Sentou-se e passou a vista pela saleta a que chamavam de varanda, como se estivesse procurando alguma coisa.

Decorridos uns cinco minutos, quis voltar para a cela. Tentei levantá-lo da poltrona, mas ele me disse:

– Pode deixar... eu me levanto...

Mas, percebi que ele não estava aguentando o peso do corpo e disse-lhe:

– Pai Espiritual, não se preocupe – enquanto já apanhava a cadeira de rodas que estava ao lado.

Levantei-o da poltrona e sentei-o na cadeira de rodas. E ele mesmo levantou os pés do chão, colocando-os sobre o pequeno estribo da cadeira.

Na cela, quando o transferi para a poltrona, ele me disse, apontando para a cadeira de rodas:

– Pode levá-la lá para fora.

Fiz o que ele pedia e, ao voltar, notei que o Padre estava muito pálido e um suor frio lhe umedecia a testa.

Assustei-me, quando percebi que seus lábios estavam lívidos. E ele repetia, com a voz cada vez mais fraca:

– Jesus... Maria... Jesus... Maria...

Fiz menção de chamar um Confrade, mas ele me disse:

– Não acorde ninguém!

Resolvi chamar assim mesmo e quando me afastei correndo de sua cela, Padre Pio me chamou.

Voltei, sem coragem de não atendê-lo, mas quando ele me repetiu:

– Não acorde ninguém! – apressei-me.

– Pai Espiritual, deixa-me agir.... e saí novamente correndo, para chamar Padre Mariano.

Todavia, vendo aberta a porta da cela de Padre Guglielmo, entrei correndo, indo diretamente ao telefone, para chamar o médico, Doutor Sala.

Em dez minutos chegava Doutor Sala que, ao ver o Padre, preparou imediatamente uma injeção. Padre Guglielmo e eu tentamos levá-lo até a cama para tomar a injeção.

Depois da injeção, resolvemos levá-lo de volta para a pequena poltrona, enquanto continuava a repetir, com um fio de voz:

– Jesus... Maria... Jesus... Maria...

Mal conseguia mover os lábios, mas não parava de dizer:

– Jesus... Maria... Jesus... Maria...

Em seguida, atendendo aos chamados de Doutor Sala, chegou Mario Pennelli, sobrinho de Padre Pio. Veio também Doutor Gusso, Diretor da Casa Alívio do Sofrimento, e mais o Doutor Scarale. Chamados por mim, chegavam também o Padre Guardião, o Padre Mariano e outros Confrades.

Enquanto os médicos davam-lhe oxigênio, primeiro com a cânula e depois com a máscara, o Padre Paolo lhe ministrava a Unção dos Enfermos e os demais padres, ajoelhados a sua volta, rezavam fervorosamente.

E Padre Pio continuava:

– Jesus... Maria... Jesus... – e, inclinando docemente a cabeça, expirou.

Eram duas horas e trinta minutos da madrugada do dia 23 de setembro de 1968".

No mesmo instante, a cela de Padre Pio foi invadida por intenso perfume de flor de laranjeira, perfume este que foi sentido simultaneamente por todos os seus "filhos espirituais" espalhados pelo mundo inteiro.

E também, naquele momento, seus Confrades se deram conta de que as mãos e os pés de Padre Pio estavam completamente livres das chagas.

Não havia o menor vestígio dos estigmas que o acompanharam por 50 anos. A pele de suas mãos e de seus pés parecia a pele de um recém-nascido.

Ele era agora um recém-nascido diante de Deus, um recém-nascido para a Vida Eterna.

Foram feitas inúmeras fotografias para posterior documentação do fato, definido por um médico presente como "fora de todo e qualquer tipo de comportamento clínico, um fato de característica extranatural."

É sabido que qualquer ferimento profundo deixa sempre uma cicatriz.

No entanto, no caso de Padre Pio, nos lugares onde sofrera feridas profundas, isto é, nas mãos, nos pés e no tórax, sua pele se apresentava de coloração normal, flexível e com a mesma aparência e as mesmas características da pele do restante de seu corpo.

Um dos médicos presentes, o competente clínico Professor Sala, assinou a seguinte declaração: "À pressão digital, não se evidenciam mais o afundamento ósseo e nem afundamento dos tecidos."

Os estigmas impressos no corpo de Padre Pio seriam como um meio de sua pessoal participação, sob forma cruenta, na Paixão de Cristo.

Eximido, com a morte, desta participação, não havia mais motivo para a permanência dos sinais no corpo de Padre Pio.

O desaparecimento das chagas e a completa regeneração dos tecidos das mãos, dos pés e do tórax de Padre Pio eram provas de que sua "imolação" havia sido aceita por Deus, que colocava, agora, naquele corpo martirizado, o germe da Ressurreição: uma hipótese teologicamente possível.

O Superior do Convento achou por bem, a fim de evitar sensacionalismo ou atos de fanatismo, nada revelar aos fiéis sobre o desaparecimento dos estigmas de Padre Pio, determinando que fosse velado e enterrado com as meias-luvas (mitenes) que sempre usara. E só três meses mais tarde o fato foi dado ao conhecimento público.

Em Pietrelcina, cidade natal de Padre Pio, quando receberam a infausta notícia da morte do Sacerdote Estigmatizado, os Vigários fizeram soar os sinos em todas as Igrejas, em tom festivo, para dar glória a Deus pela chegada ao Céu daquele filho amado.

Em San Giovanni Rotondo, ao ser divulgada a notícia da morte de Padre Pio, uma multidão incalculável irrompeu na Igreja de Santa Maria das Graças, para o último adeus ao Padre querido.

Centenas de pessoas vieram de toda a parte do mundo para os funerais que se realizaram três dias depois.

A tampa do caixão de Padre Pio tinha uma parte de vidro, deixando antever seu rosto remoçado, tranquilo e sereno.

Ficou decidido que o esquife seria colocado no alto de um carro, para dar uma volta pelas ruas principais da cidade, a fim de que todos os moradores de San Giovanni, idosos, inválidos ou doentes, tivessem a oportunidade de reverenciar e aplaudir Padre Pio, em solene e emocionada despedida.

Enquanto isso, helicópteros militares sobrevoavam a cidade, deixando cair uma chuva de pétalas coloridas.

Era a apoteose de uma grande vida, de um grande homem, cuja grandeza estava justamente em se considerar pequeno, diante de Deus, *"rico apenas de uma coisa: de minha própria miséria",* como dizia o Padre Estigmatizado.

Pelos idos de 1923, Padre Pio externara aos seus amigos, inclusive numa carta ao então prefeito de San Giovanni Rotondo, seu incondicional amigo e "filho espiritual" Francesco Morcaldi, o seu desejo de ser enterrado *"num cantinho tranquilo"* de San Giovanni Rotondo, se seus Superiores não se opusessem.

E Padre Pio foi sepultado na cripta da Igreja Santa Maria das Graças, túmulo novo, que ainda não tinha sido utilizado, como foi o túmulo de Jesus.

E esse túmulo é visitado por peregrinos do mundo inteiro, para pedir e agradecer graças impossíveis, obtidas através da poderosíssima intercessão de Padre Pio.

Todos sentem sua presença, nos perfumes de suas virtudes. Padre Pio nunca escreveu livro algum. Nem precisava.

Ele era um dos livros mais belos de Deus.

Jesus Cristo pregado na Cruz, Padre Pio pregado em Jesus.

OBRIGADA, PADRE PIO!

Obrigada, Padre Pio... *E meu pensamento volta*
Ao dia em que o conheci: um retrato, uma oração
E o resumo de uma vida. Eis tudo que eu tinha em mão.
Seria um caminho novo, seria o meu próprio espaço,
Onde uma luz se acendia para iluminar meu passo?!
Obrigada, Padre Pio... *por teres vindo até mim,*
Trazendo Jesus contigo, em teus estigmas santos,
Abrindo meus olhos tontos, remendando a minha Fé,
Repregando a Esperança nas paredes do meu ser,
Colocando em minha estante o livro da Caridade,
Tirando dos meus armários velhas mágoas e amarguras,
Esvaziando as gavetas de crendices e de dúvidas,
Confirmando tua presença com doce aroma de rosas...
Obrigada, Padre Pio*, por tantos exemplos – quantos! –*
Que encontrei em tua vida, em tua oração constante,
Mostrando-me Deus em tudo, na tristeza e na alegria,
Mostrando-me Deus em todos, modelo de amor ao próximo,
Ensinando-me a rezar, sem exigir, sem impor,
Sem porquês e sem revolta, entregando tudo a Deus
Sem desculpas para o mal, sem barreiras para o bem...
Obrigada, Padre Pio*, pelo teu corpo sofrido,*

Por tua conformidade, por teu humilde silêncio
Diante das injustiças, diante das provações,
Sofrendo por não levar todas as almas a Deus!
Obrigada, Padre Pio, *em nome dos que não creem*
Em nome dos que não rezam, dos que nunca te agradecem
Em nome dos meus queridos, em nome dos meus pastores...
Obrigada, Padre Pio, *por tuas delicadezas,*
Por tudo que me ocultaste, por tudo que me mostraste,
Pelas pedras que afastaste e pelas que conservaste
Para que me aprofundasse nos mistérios do sofrer,
Dando-me até vontade de experimentar as Virtudes...
Obrigada, Padre Pio, *por tantas e tantas graças,*
Desde a menor destas graças até a graça impossível,
Apontando-me Maria como a Senhora das Graças...
Obrigada, Padre Pio, *por teu exemplo de Amor*
Ao transformar minha frase em: OBRIGADA, SENHOR !

Lilá Sant'Anna

BIBLIOGRAFIA

Alberto D'Apolito – *Padre Pio da Pietrelcina, Ricordi. Esperienze. Testimonianze* = A cura di Padre Gerardo di Flumeri – Edizioni "Padre Pio da Pietrelcina" – Convento Santa Maria delle Grazie – San Giovanni Rotondo.

Alberto Del Fante – *Per la storia – PadrePio... Fatti Nuovi* – Editrice Libreria Santa Maria delle Grazie – San Giovanni Rotondo.

Alessandro da Ripabottoni – *Padre Pio de Pietrelcina, Perfil Biográfico* – A cuera di Padre Pacifico Giuliano – Edizioni "Padre Pio da Pietrelcina" – San Giovanni Rotondo.

Anacleto Miscio, O.F.M.Cap. – *Maria Pyle* - Edited by Fr. Alessio Parente O.F.M. Cap. – The Capuchin Friars – Foggia – Italy.

Rev. Charles Mortimer Carty – *Padre Pio, the stigmatist* – Tan Books and Publishers, Inc. – Rockford – Illinois.

Gennaro Preziuso – *Un itinerario per lo spirito* – Edizioni Apulia Sveva.

Padre Gennaro di Flumeri – *Omaggio a Padre Pio* – Postulazione Causa di Padre Pio – Convento Santa Maria delle Grazie – San Giovanni Rotondo.

Giovanni P. Siena – *Padre Pio e os Anjos* – Editora Educação Nacional – Porto.

Père Jean Derobert – *Padre Pio, transparent de Dieu* – Editions Jules HOVINE – Bélgica.

Père Jean Derobert – *Padre Pio, Témoin de Dieu, Maitre Spirituel, Homme de la Messe* – Editions Jules HOVINE – Bélgica.

Père Jean Derobert – *Prier... ce n'est pas difficile!* – Editions Jules HOVINE – Bélgica.

Rev. John A. Schug, Capuchin – *A Padre Pio Profile* – St. Bedes Publication – Petersham, Massachusetts.

Rev. John A. Schug, Capuchin – *Padre Pio* – *Franciscan Herald Press* – Chicago.

Karl Wagner – *Meus encontros com Padre Pio* – Viena.

Karl Wagner – *A Missão de Padre Pio* – Viena.

Maria Winowska – *Il vero volto di Padre Pio* – Edizione Paoline – Roma.

Mary F. Ingoldsby – *Padre Pio, His life and Mission* – Veritas Publication – Dublin.

Fra Modestino da Pietrelcina – *Io...testemonianze Del Padre* – Edizioni "Padre Pio da Pietrelcina" – Convento dei Padri Cappuccini – San Giovanni Rotondo.

Don Nello Castello – *Gesù Crocifisso in Padre Pio* – L'Istituto Grafico Italiano s.a.s. – Cercola (NA).

Pascal Cataneo – *Fioretti di Padre Pio* – Editions Dehoniane de Rome.

P. Stefano Manelli – *Padre Pio* – Editriche Grafiche Messaggero di S. Antonio – Padova.

P. Stefano Manelli – *Padre Pio da Pietrelcina* – Casa Mariana – Frigento (AV).

Padre Pio da Pietrelcina – *Epistolario* – Cinque volumi – Edizioni Santa Maria delle Grazie – San Giovanni Rotondo.

Padre Pio da Pietrelcina – *Buona Giornata, Um pensiero per ogni giorno dell'anno* – Edizioni "Voce di Padre Pio" – Convento Santa Maria delle Grazie – San Giovanni Rotondo.

Padre Pio – Vita – Miracoli – Beatificazione – Edizioni Publicolor – Pescara.

Così parlò Padre Pio – Edizioni Casa Sollievo della Sofrenza – San Giovanni Rotondo.

Revistas:

"Voce di Padre Pio" – Mensile della Postulazione della Causa di Canonizzazione del Beato Padre Pio da Pietrelcina – Convento Cappuccini *"Santa Maria delle Grazie"* – San Giovanni Rotondo.

"Pietrelcina – La Terra di Padre Pio" – Editore: Tricovef Service s.r.l. – Pietrelcina (BN).

Leia também de Lilá Sant'Anna:

300 Meditações para o Rosário

CARÁCTERÍSTICAS DESTE LIVRO:

Formato: 14,0 x 21,0 cm

Mancha: 10,5 x 17,0 cm

Tipologia: Times New Roman

Papel: Ofsete 75g/m² (miolo)

Cartão Supremo 250g/m² (capa)

Atualização ortográfica: 2013

*Para saber mais sobre nossos títulos e autores,
visite o nosso site:*
www.mauad.com.br